Nikola Hild
Katharina Hild

DAS ULMER MÜNSTER

Silberburg-Verlag
www.silberburg.de

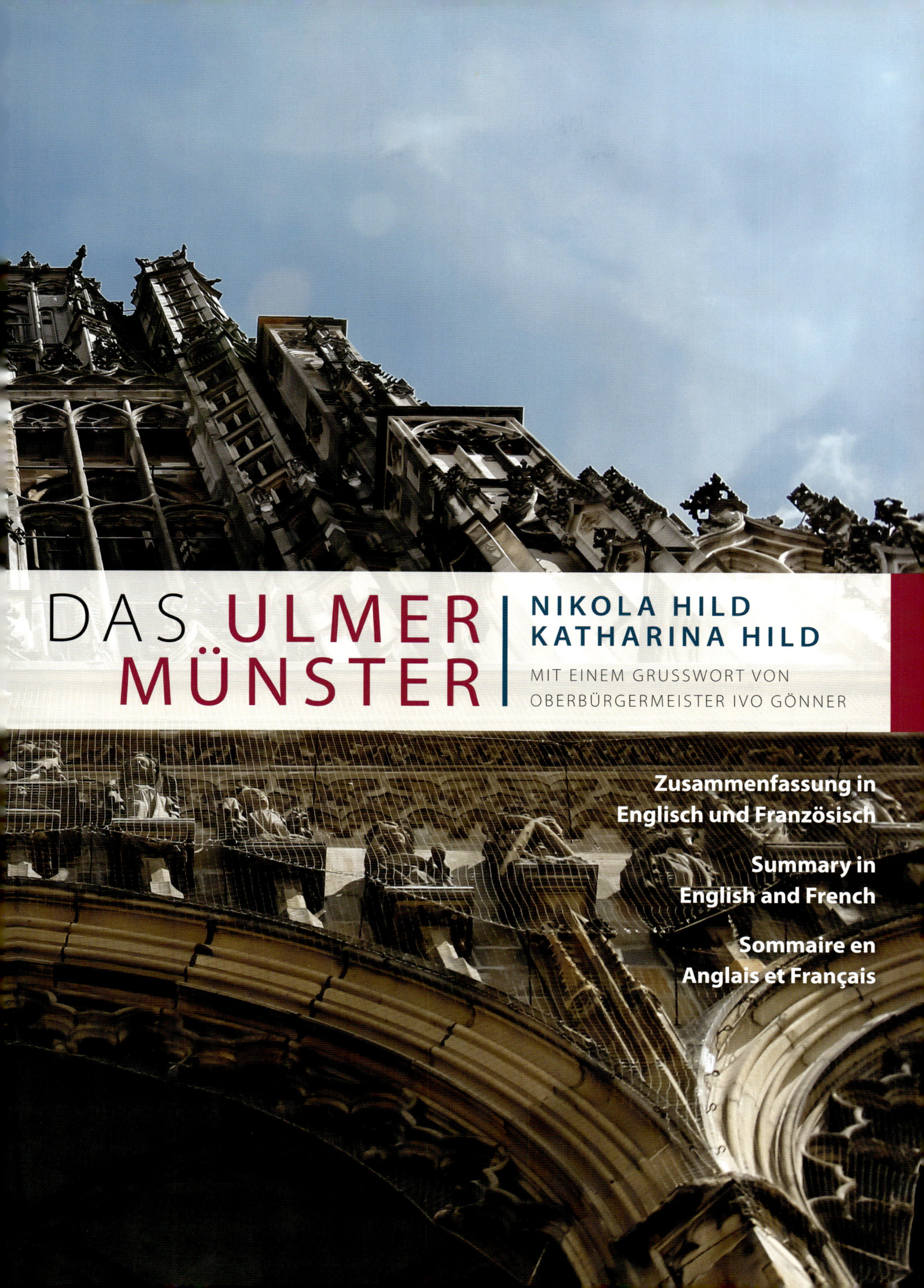

DAS ULMER MÜNSTER

NIKOLA HILD
KATHARINA HILD

MIT EINEM GRUSSWORT VON
OBERBÜRGERMEISTER IVO GÖNNER

Zusammenfassung in Englisch und Französisch

Summary in English and French

Sommaire en Anglais et Français

Die Autorin:
Nikola Hild, geboren 1958 in Tübingen, studierte ebendort Empirische Kulturwissenschaft und Germanistik. Sie war langjährige Mitarbeiterin auf Burg Hohenzollern und Schloss Lichtenstein. Zu beiden Sehenswürdigkeiten und etlichen anderen Themen hat sie zusammen mit ihrer Schwester Katharina Bücher verfasst.

Die Fotografin:
Katharina Hild, Jahrgang 1962, ist gebürtige Tübingerin. Nach Abschluss ihres Ingenieurstudiums gründete sie 1988 die Bildagentur Hild. Daneben arbeitet sie als Foto-Designerin mit den Schwerpunkten Architektur, Kunst, Stillleben und Food. Sie ist verheiratet und lebt in Reutlingen.

Einbandvorderseite: Der filigrane Helm des Westturms.
S. 1: Engelsfigur am Taufbecken.
S. 2/3: Die beeindruckende Westfassade des Ulmer Münsters.
Einbandrückseite: Detail der Westfront des Turmobergeschosses.

Bildnachweis: S. 31: Stadtarchiv Ulm; S. 34: Stadtarchiv Ulm/Münsterbauamt; S. 35 rechts: Stadtarchiv Ulm; S. 36: Stadtarchiv Ulm/Münsterbauamt; S. 37: Stadtarchiv Ulm; Vorderes Vorsatzpapier: Stadtarchiv Ulm/ Münsterbauamt (Böblinger-Riss), Stadtarchiv Ulm (Ensinger-Riss).

1. Auflage 2015

Umschlaggestaltung:
Christoph Wöhler, Tübingen, unter Verwendung von Fotografien von Katharina Hild.
Druck: Gulde-Druck, Tübingen.
Printed in Germany.

ISBN 978-3-8425-1385-3

INHALT

ZUM GELEIT

GRUSSWORT

Michael Hilbert
Münsterbaumeister

Es ist mir eine Freude, mit dem vorliegenden Werk erstmals einen umfassenden Bildband über das Ulmer Münster in Händen zu halten, der sich nicht nur an die wissenschaftlich orientierten, sondern an alle kunsthistorisch Interessierten wendet.

Der Bildband ist ein wertvoller und informativer Begleiter durch das Münster, der in Wort und Bild spannende Einblicke in die Geschichte des Bauwerks vermittelt und seine Kunstwerke in der ihnen gebührenden Ausführlichkeit würdigt.

GRUSSWORT

Ivo Gönner
Oberbürgermeister der Stadt Ulm

Prag, Mailand, Straßburg, Wien und Ulm. Die schwäbische Stadt an der Donau im Konzert der ganz Großen? Ein Widerspruch? Oder gar Größenwahn? Mitnichten! Denn mit dem Ulmer Münster besitzt die Stadt seit 1890 nicht nur den höchsten Kirchturm der Welt, sondern mit dem gotischen Meisterwerk als Ganzem einen Publikumsmagneten, der eine Anziehungskraft weit über Stadt- und Landesgrenzen hinaus entfaltet. Die prächtige und eindrucksvolle Vielfalt im Inneren des monumentalen Bau-

Steinmetz der Münsterbauhütte bei der Arbeit.

werks ist eine wahre Schatzkammer für alle Liebhaberinnen und Liebhaber gotischen Kunstschaffens.

Das Ulmer Münster auf den Superlativ des höchsten Kirchturms der Welt zu reduzieren wäre grundfalsch. Seine wahre Größe erhält das gotische Bauwerk vielmehr durch seine außergewöhnliche Geschichte – von der Grundsteinlegung im Jahr 1377 bis zum heutigen Tag: Das Münster ist eine Bürgerkirche – gebaut, finanziert und erhalten von der Ulmer Bürgerschaft. Für die damalige Zeit eine bemerkenswert mutige und visionäre Entscheidung.

Architekten von internationalem Ruf, heute würde man Star-Architekten sagen, haben in Ulm gewirkt: Unter anderem die Parler, welche schon in Prag am Karlsdom

und am Mailänder Dom gebaut und die Bauhütten in Straßburg und eben in Ulm geleitet hatten.

Die gewaltige Großbaustelle trotzte über die Jahrhunderte statischen Problemen, Stadtbelagerungen und, nach der Fertigstellung, kriegerischen Auseinandersetzungen. Manchmal half ein genialer Plan, wie der Umbau zu einer fünfschiffigen Basilika – manchmal Glück oder höheres Wirken, wie in den Bombennächten des Zweiten Weltkrieges.

Heute ist das Ulmer Münster das identitätsstiftende und integrierende Symbol unserer Stadt schlechthin – über alle unterschiedlichen Nationalitäten und Glaubensrichtungen hinweg. Ein Ort der Besinnung im schnelllebigen 21. Jahrhundert.

Steinbearbeitung in der Münsterbauhütte.

VORWORT

Das Grundsteinlegungsrelief im Ulmer Münster erinnert an den Beginn eines gigantischen Bauprojektes, das seinen Anfang im Mittelalter fand und seine Fertigstellung erst mehr als fünfhundert Jahre später erleben durfte.

Am 13. Juli 1377 erfolgte in Anwesenheit der Ratsherren und der Stadtbewohner drei Stunden nach Sonnenaufgang die feierliche Grundsteinlegung durch den damaligen Bürgermeister Lutz Krafft. Das Denkmal der Grundsteinlegung zeigt den Patrizier mit seiner Gattin Elisabeth Ehinger. Gemeinsam halten sie das Modell des Kirchenbaus, das sich den ursprünglichen Bauplänen entsprechend als Hallenkirche mit einheitlichem Dach und drei fast gleich hohen Türmen präsentiert. Unter dem Modell ist in gebückter Haltung ein Mann dargestellt, der scheinbar die ganze Last des Kirchenbaus auf seinen Schultern trägt: Heinrich II. Parler, der erste Baumeister des Münsters.

Die Namen großer Baumeister und Künstler verbinden sich mit dem Münsterbau, durch den die damalige Reichsstadt zu einem bedeutenden künstlerischen Zentrum in Südwestdeutschland wurde. Die drei ersten Münsterbaumeister entstammten der berühmten und weit verzweigten Familie Parler, deren Mitglieder federführend am Bau der seinerzeit bedeutendsten Sakralbauten Europas beteiligt waren.

Weder Adel noch Klerus ergriffen die Initiative zum Bau der heute größten evangelischen Kirche in Deutschland. Auch die Finanzierung ist nicht etwa weltlichen und geistlichen Herrschern zu verdanken. Allein die große Spendenbereitschaft der Ulmer Bürger ermöglichte die Verwirklichung des enormen Vorhabens.

Das bürgerschaftliche Engagement der Stadtbewohner und die besondere Verbundenheit mit dem Münster manifestieren sich bis heute in vielfältiger Weise. Die Spendenbereitschaft ist nach wie vor ungebrochen. Gleichzeitig darf sich das Münster zahlreicher ehrenamtlicher Helfer erfreuen.

Aus heutiger Sicht mag man sich fragen, warum sich die Ulmer 1377 auf dieses Großprojekt eingelassen haben, wohl wissend, das sie dessen Vollendung nicht mehr erleben würden. Sicherlich spielte neben der tief verwurzelten mittelalterlichen Frömmigkeit das erstarkende Selbstbewusstsein der aufblühenden Stadt eine entscheidende Rolle.

Ausschlaggebend waren jedoch letztendlich ganz praktische Erwägungen. Denn die alte Pfarrkirche »über Feld« befand sich außerhalb der damaligen Stadtbefestigung. Dadurch war der Weg zur Kirche nicht nur beschwerlich, sondern in Zeiten kriegerischer Auseinandersetzungen auch so gefährlich, dass die Ulmer dem Gottesdienst zuweilen notgedrungen fernbleiben mussten.

Anscheinend weinten die stolzen Ulmer Bürger ihrem alten Gotteshaus keine Träne nach. Kaum war der Beschluss zum Bau des Münsters gefallen, erfolgte der Abriss der Pfarrkirche »über Feld«. Angeblich sollen die Ulmer die Steine der alten Kirche sogar auf ihren Schultern in die Stadt geschleppt haben. Man darf davon ausgehen, dass dieser Transportweg eher in den Bereich der Legende zu verweisen ist. Tatsächlich wurden beim Münsterbau jedoch etliche Elemente der alten Pfarrkirche übernommen. Das kleine Marienportal an der Nordseite des Münsters entstand laut Inschrift 1356 im Zuge des Neu- oder Umbaus der Pfarrkirche »über Feld«. Es ist das älteste, aber nicht das einzige Portal, das auf das frühere Gotteshaus zurückgeht.

1392 endet die Ära der Parler in Ulm. Als Baumeister folgte ihnen Ulrich von Ensin-

gen, dessen Nachfahren bis 1477 am Münster tätig waren. Unter Ulrich von Ensingen erfolgte eine entscheidende Planänderung. An die Stelle des relativ niedrigen Westturms sollte ein weit aufragender filigraner Hauptturm treten, womit die deutliche Erhöhung des Mittelschiffs einherging. So wurde aus der ursprünglich von den Parlern konzipierten Hallenkirche eine Basilika, deren Fensterzone im Mittelschiff den Raum in helles Tageslicht taucht.

Der Westturm gilt als »Ulmer Hauptwerk« Ulrichs von Ensingen, kam seinerzeit allerdings nur im unteren Bereich zur Ausführung. Knapp hundert Jahre später präsentierte Matthäus Böblinger einen neuen Turmaufriss, der jedoch ebenfalls während der mittelalterlichen Bauzeit nicht verwirklicht werden konnte. Dem Ausbau des 19. Jahrhunderts blieb es vorbehalten, Böblingers Plan aufzugreifen und weitgehend umzusetzen. Bereits unter Matthäus Böblinger zeigten sich Baumängel, für die er zwar nicht verantwortlich war, die aber gleichwohl zu seiner Entlassung führten. Der Turm war unzureichend fundamentiert und drohte abzusinken. Aus dem Gewölbe lösten sich Steine und veranlassten die Gottesdienstbesucher zur Flucht.

Böblingers Nachfolger Burkhart Engelberg erwies sich als »des Pfarrturms zu Ulm großer Wiederbringer«. Seine Sanierungsmaßnahmen waren nicht nur in technischer Hinsicht brillant. Sie brachten teilweise auch eine großartige ästhetische Bereicherung.

Die Einführung der Reformation, der sich die Ulmer bereits 1530 im Rahmen eines Bürgerentscheids anschlossen, brachte eine starke Zäsur. Wie zahlreiche andere reformierte Städte erlebte auch Ulm einen Bildersturm. Dabei handelte es sich jedoch um

Das Westportal mit seiner figurenreichen Vorhalle zählt zu den schönsten Portalschöpfungen der Gotik.

Der jährliche Etat für die Renovierung beträgt rund 2,5 Millionen Euro.

keine spontane Aktion. Das verschaffte dem Rat die Möglichkeit, die schlimmsten Auswüchse zu verhindern und etliche Kunstwerke zu retten. Er stellte das Chorgestühl, das Sakramentshaus und das Westportal unter seinen Schutz und veranlasste die Entfernung von Privatstiftungen. Trotz dieser Vorsorge gingen zahlreiche Ausstattungsstücke und ein Großteil der Altäre verloren. Die Karg-Nische an der Süd-Ost-Wand zeugt bis heute von den verheerenden Auswüchsen des reformatorischen Bildersturms.

Nur wenige Jahre nach der Einführung der Reformation in Ulm wurden die Arbeiten an dem einstmals voller Hoffnung und Zuversicht begonnenen Münsterbauprojekt eingestellt. Zum einen fehlte es schlichtweg an den notwendigen finanziellen Mitteln, zum anderen scheint das Interesse an dem Bau, dessen Stil sich mittlerweile überlebt hatte, erlahmt zu sein.

Mehr als dreihundert Jahre lang blieb das Münster ein Torso, der mit seinen nur teilweise ausgeführten Türmen seltsam unproportioniert wirkte. In dieser Zeit erfolgten keine nennenswerten baulichen Aktivitäten mehr.

Erst das 19. Jahrhundert fand zu einer Neubewertung der Gotik, die lange als »barbarisch« gegolten hatte. Fälschlicherweise wurde die Gotik nun als altdeutscher, »vaterländischer« Stil betrachtet und die Fertigstellung verschiedener Sakralbauten, die im Mittelalter unvollendet geblieben waren, als »nationale« Angelegenheit gedeutet. Nicht nur in Ulm, auch in Regensburg und Köln nahm man die Bautätigkeiten wieder auf und führte die Kirchenbauten zu Ende.

Das 19. Jahrhundert steht nicht nur für die Wiederentdeckung der Gotik, sondern auch für die Erfindung zahlreicher technischer Errungenschaften, die beim Ausbau des Münsters zum Einsatz kamen: Telefon, Gasmotoren und das Eisenbahnnetz, an das Ulm seit 1850 angeschlossen war.

Ohne die enorme Mobilität, die die Eisenbahnverbindung mit sich brachte, wäre das große Münsterfest aus Anlass der Turmfertigstellung 1890 wohl deutlich bescheidener ausgefallen. So konnten die Festgäste in mehr als dreißig Sonderzügen anreisen, um dem breit gefächerten Festprogramm beizuwohnen. Der höchste Kirchturm der Welt verbarg sich zwar noch teilweise hinter einem Gerüst und das Wetter zeigte sich dem großen Ereignis nicht eben angemessen. Dennoch fanden die Feierlichkeiten allseits großen Beifall.

DIE BAUGESCHICHTE

VORGESCHICHTE

Bis 1377 befand sich die Ulmer Pfarrkirche außerhalb der Stadtmauern im Bereich des heutigen »Alten Friedhofs«. Dadurch war der Weg zum Gottesdienst nicht nur beschwerlich, sondern zuweilen auch mit erheblichen Gefahren verbunden. Der Dominikanermönch Felix Fabri, der im 15. Jahrhundert eine umfangreiche Chronik der Stadt Ulm verfasste, beschrieb die Situation folgendermaßen: »Sie fürchteten nämlich, in der Stadt könnten eines Tages verräterische Umtriebe um sich greifen, während sich die Bevölkerung außerhalb in der Kirche aufhielte, die Stadt würde besetzt und die Bürger kämen draußen in Gefahr; denn es waren damals recht unruhige Zeiten. Auch konnten sie an hohen Festtagen nicht an den nächtlichen Gottesdiensten teilnehmen, weil die Tore nicht geöffnet blieben, und sogar an den Sonntagen gingen die Bürger nicht in die Kirche, weil sie nicht vor die Stadt gehen konnten oder wollten.«[1]

Gerade in kriegerischen Zeiten zeigte sich die Notwendigkeit, die Pfarrkirche in die ummauerte Stadt zu verlegen. Nicht umsonst fiel die Entscheidung für den Neubau innerhalb der Befestigung, nachdem Kaiser Karl IV. Ulm im Reichskrieg gegen den Schwäbischen Städtebund 1376 belagert hatte. Wenngleich der Kaiser unverrichteter Dinge von dannen ziehen musste, veranlasste die Belagerung die Ulmer zum Handeln. Nicht nur die Pfarrkirche, sondern alle außerhalb der Stadtbefestigung gelegenen Gebäude waren ein Risikofaktor. Schließlich konnten sie feindlichen Truppen als Versteck und zur Deckung dienen.

Daher durften nach 1376 keine neuen Bauten mehr vor den Stadtmauern errich-

Das »Ulmer Stadtmodell für Blinde und Sehende« auf dem südwestlichen Münsterplatz.

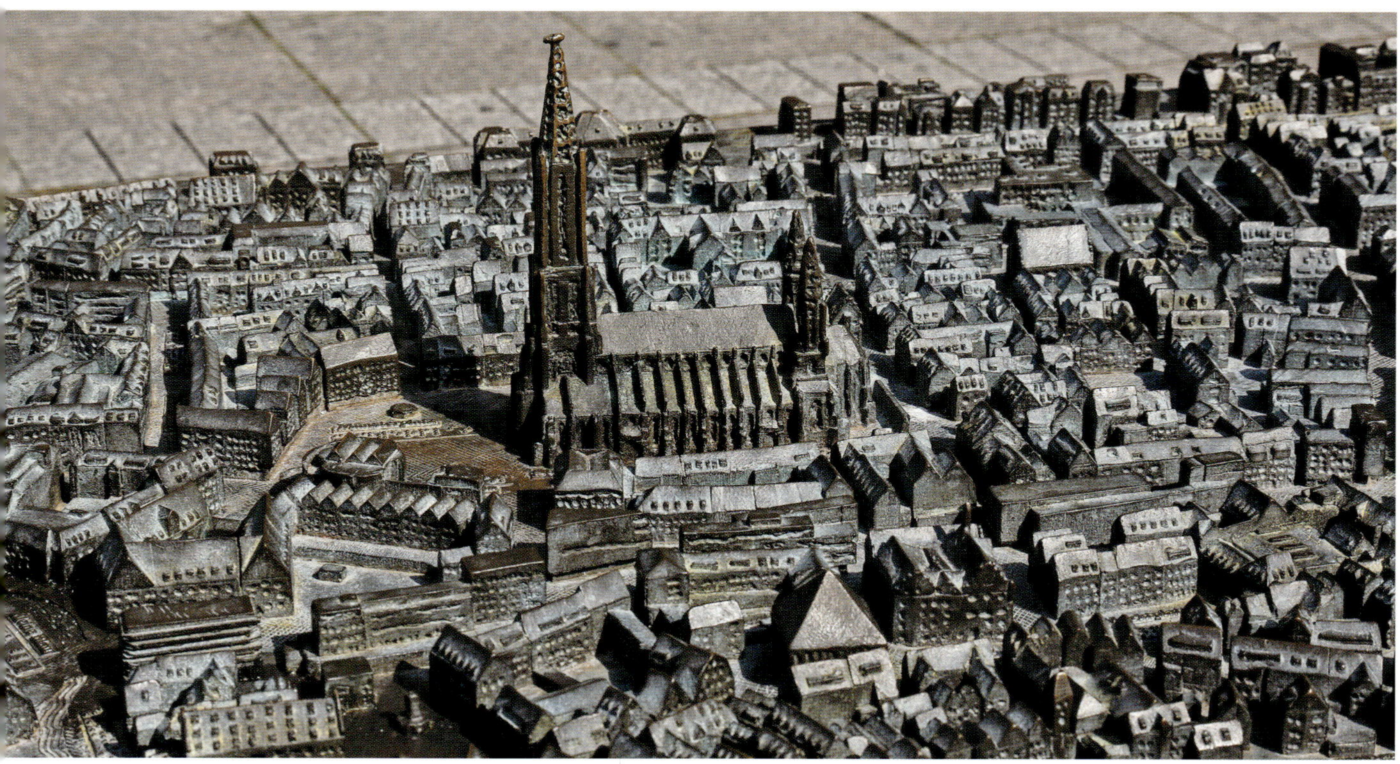

tet werden. Gleichzeitig wurde der Abriss der bestehenden Gebäude verfügt. Bei der Verlegung der Stadtkirche kam neben dem Sicherheitsaspekt jedoch noch ein weiterer Gesichtspunkt hinzu: Da die alte Pfarrkirche der Abtei Reichenau unterstand, konnte die Gemeinde kaum am hohen Spendenaufkommen der Ulmer Gläubigen partizipieren.

»Auch sahen sie, daß die Bevölkerung großzügige Spenden für die Kirchen und Bauten der Franziskaner und Dominikaner aufbrachte und daß diesen Klöstern viel geschenkt wurde, was an die Pfarrkirche gegeben worden wäre, wenn diese in der Stadt gestanden hätte.«(2)

Nachdem der Entschluss gefallen war, die Pfarrkirche in die Stadt zu verlegen, begann die Suche nach einem geeigneten Areal. Die Wahl fiel auf einen Platz, der fast genau im Herzen der heutigen Stadt lag und teilweise überbaut war. Daher mussten zunächst die Bauten, die dem Vorhaben im Weg standen, erworben und abgerissen werden. Das betraf sowohl Wohnhäuser als auch Geschäftsräume und klösterliche Besitzungen.

Das große Projekt war von Anfang an ein kühnes Unterfangen. Die zukünftige Pfarrkirche wurde so großzügig geplant, dass ihr Inneres Platz für etwa 20 000 Gottesdienstbesucher bot – bei einer damaligen Einwohnerzahl von 9000 bis 10 000 Menschen. Auch die Finanzierung stellte eine nicht zu unterschätzende Herausforderung dar, an deren Lösung weder geistliche noch weltliche Herren beteiligt waren. Allein die große Spendenbereitschaft der Ulmer Bürger ermöglichte die Verwirklichung des gigantischen Vorhabens.

---

(1) Fabri, S. 69.
(2) Ebd.

Links: Blick von der Hauptorgel durch das Mittelschiff zum Chor.
Rechts: Ostansicht des Münsters.

1377–1392: PARLER

Links: Der »Parlerstein«, der Grabstein eines der Baumeister des Münsters, mit dem Meisterzeichen der Parler, einem schräg gestellten Schild mit einem Winkelhaken. Rechts: Die Fialen der Chorpfeiler und die Chorgalerie gehen auf das 19. Jahrhundert zurück.

Die ersten Baumeister des Münsters entstammten der berühmten und weit verzweigten Familie Parler, deren Mitglieder das Erscheinungsbild zahlreicher europäischer Sakralbauten geprägt haben.

Zunächst tritt uns Heinrich II. entgegen, dem auf dem Grundsteinlegungsrelief symbolisch die Last des enormen Projektes aufgebürdet wird. Er war vermutlich der Sohn von Heinrich I. Parler, der seit etwa 1330 die Bauleitung am Heilig-Kreuz-Münster in Schwäbisch Gmünd innehatte. Stilistische Ähnlichkeiten zwischen dem Ulmer und dem Gmünder Chor legen den Schluss nahe, dass Heinrich II. bei seinem Vater am Heilig-Kreuz-Münster ausgebildet wurde.

Der erste Plan für den Münsterbau in Ulm dürfte auf Heinrich II. Parler zurückgehen. Dabei entsprachen die beabsichtigten Grundrissausmaße wohl weitgehend den heutigen. Vorgesehen war eine Hallenkirche mit drei relativ niedrigen Türmen, wobei der Westturm die beiden Chortürme nur geringfügig überragen sollte. Des Weiteren waren ein einheitliches Satteldach und ein Langhaus ohne Obergaden geplant.

Wie bei mittelalterlichen Kirchenbauten üblich erfolgte der Baubeginn im Osten mit dem Chor. Dieser geht ebenso wie die Turmunterbauten der beiden Chortürme weitgehend auf Heinrich II. zurück.

Das genaue Todesjahr des ersten Münsterbaumeisters ist nicht bekannt. Er starb

vor 1387, war aber wohl nur bis 1383 in Ulm tätig. Denn in diesem Jahr übernahm sein Bruder Michael Parler, der ebenfalls vom Vater Heinrich I. ausgebildet worden war, die Bauleitung. Vor seinem Amtsantritt in Ulm war Michael in Prag tätig, wo Peter Parler, ein weiterer Bruder, seit dem Tod von Matthias von Arras den Weiterbau des 1344 begonnenen Veitsdoms leitete.

»Von Prag brachte er (Michael, d. Verf.) neuestes Formengut mit, das im Maßwerk der Chorfenster, im Aufbau der Sakristeistrebepfeiler (…) sowie in den Prophetenfiguren seinen Niederschlag fand.«(1)

Michael Parler führte den von seinem Bruder Heinrich entworfenen und begonnenen Chor bis zum ersten Kranzgesims fort. Der Beginn der Chorverglasung dürfte ebenfalls unter ihm erfolgt sein.

Bereits 1383 erteilte der Bischof von Konstanz die Weiheerlaubnis. Der Chor war seinerzeit noch nicht eingewölbt, wohl aber so weit überdacht, dass die ersten Gottesdienste stattfinden konnten. Das Langhaus hingegen war allenfalls im Entstehen begriffen. Denn sein Bau wurde erst unter Michael Parler in Angriff genommen. Bis 1387 entstanden die vier östlichen Joche unter Einbeziehung von Portalen aus der alten Pfarrkirche, die 1377 abgebrochen worden war. Die Münstermauern wurden damals jedoch lediglich bis auf eine Höhe von etwa acht bis neun Metern errichtet. Auch die vier östlichen Langhauspfeilerpaare gehen auf Michael Parler zurück, erhielten ihre Kapitelle jedoch erst später.

Der dritte Baumeister aus der Parlerfamilie war nur wenige Jahre am Ulmer Münster tätig. Heinrich III., der vermutlich ein Sohn Heinrichs II. war, erscheint erstmals 1387 in einer Abrechnung des Ulmer Münsterbaus. Ebenso wie Michael Parler war er zuvor in Prag beschäftigt gewesen. Vermutlich erhielt er an der dortigen Dombauhütte seine Ausbildung.

In der kurzen Zeit seiner Tätigkeit als Ulmer Münsterbaumeister führte er das Langhaus um vier Joche in westlicher Richtung bis zur Höhe von acht bis neun Metern weiter. Bereits 1391 folgte er einer Berufung nach Mailand und verließ die freie Reichsstadt Ulm.

Mit Heinrich III. endet die 14 Jahre währende Ära der Parler'schen Baumeister in Ulm. Wenngleich ihre ursprüngliche Konzeption späteren Planänderungen unterworfen wurde, haben sie doch den Bau des Ulmer Münsters entscheidend geprägt.

Die Chorfenster stammen überwiegend aus dem 14. und 15. Jahrhundert.

---

(1) Wortmann, S. 8.

1392–1477:
ENSINGER UND KUN

Nach Heinrich III. Parlers Wechsel an die Mailänder Dombauhütte wurde 1391 Ulrich von Ensingen mit dem Weiterbau des Ulmer Münsters betraut. Ebenso wie seine Vorgänger war er vermutlich an einer von den Parlern geleiteten Bauhütte ausgebildet worden oder zumindest dort tätig gewesen.

Obwohl Ulrich von Ensingen bis 1419 für den Ulmer Münsterbau verantwortlich war, begleitete er das Projekt nur einige Jahre lang persönlich vor Ort. 1399 wurde er nach Straßburg berufen, wo er das Untergeschoss des nördlichen Münsterturms ausführte. Bereits ein Jahr später übernahm er zusätzlich die Bauleitung der Esslinger Frauenkirche. Bis zu seinem Tod 1419 lebte er in Straßburg. Von dort aus leitete er sowohl die Arbeiten in Esslingen als auch in Ulm, wo er wohl durch seinen Schwiegersohn und späteren Nachfolger Hans Kun vertreten wurde.

Statue des Baumeisters Ulrich von Ensingen am südwestlichen Mittelschiffpfeiler.

Unter dem viel beschäftigten Ulrich von Ensingen erfolgte in Ulm ein entscheidender Planwechsel, der jedoch sicherlich nicht ausschließlich seine Idee war, sondern zugleich einem Anliegen der Bürgerschaft geschuldet worden sein dürfte: Der von den Parlern entworfene relativ niedrige Westturm sollte durch einen deutlich höheren, kühn aufwärts strebenden Turm ersetzt werden.

Ulrich von Ensingen hatte sein Amt eben erst angetreten, als er auch schon einen Riss vorlegte, dessen Original sich heute im Ulmer Stadtmuseum befindet. Er zählt zu den bedeutendsten gotischen Architekturzeichnungen und wurde von Ulrichs Zeitgenossen mehrfach kopiert.

Der Westturm gilt als Ulmer Hauptwerk Ulrich von Ensingens, wenngleich zu dessen Lebzeiten lediglich das Erdgeschoss mit der Vorhalle sowie Teile des Obergeschosses fertig gestellt werden konnten. Dabei brachte die Höherführung des Turms zwangsläufig weitere Planänderungen mit sich. Zum einen musste den verstärkten Anforderungen an die Statik Rechnung getragen werden. Zum anderen erforderten die deutlich erweiterten Dimensionen auch in ästhetischer Hinsicht Korrekturen, um ein harmonisches Erscheinungsbild zu gewährleisten.

Damit vollzog Ulrich von Ensingen den Wechsel von der ursprünglich geplanten Parler'schen Hallenkirche zur Basilika. Das Mittelschiff wurde erhöht und überragt die tieferliegenden Seitenschiffe deutlich. Die

Der Westturm des Ulmer Münsters ist mit 161,53 Metern der höchste Kirchturm der Welt.

Über den Dächern der Seitenschiffe erheben sich die Obergadenfenster.

über den Dächern der Seitenschiffe gelegenen Mittelschiffwände erhielten später eine Reihe von hohen Fenstern, den so genannten Obergaden, der dem Kirchenraum zu vermehrtem Lichteinfall verhalf. Zugleich erforderte das hohe Mittelschiff die Aufstockung des Chors, dessen relativ geringe Höhe sich ansonsten negativ auf die Harmonie des Raumgefüges ausgewirkt hätte.

Besonders bemerkenswert ist die Platzierung des Westturms, die sich am architektonischen Vorbild der wesentlich älteren Reutlinger Marienkirche orientiert. Hier wurde der Hauptturm nicht vor das Langhaus, sondern in dieses hineingestellt und somit auf besondere Weise in den Raumorganismus einbezogen. Diese Verschmelzung ging jedoch durch dringend erforderliche Ertüchtigungsmaßnahmen Ende des 15. und des 19. Jahrhunderts verloren.

Ulrich von Ensingen wandte seine Aufmerksamkeit auch den Chortürmen zu, deren Unterbauten bereits in der Parlerzeit entstanden waren. Bis zur Höhe von etwa 32 Metern führte er das Werk fort. Bei seinem Weggang nach Straßburg waren fünf Geschosse fertig gestellt. Damit endet bereits 1399 die mittelalterliche Bautätigkeit an den beiden Chortürmen, die erst im 19. Jahrhundert ihre heutige Höhe von 86 Metern erhielten.

Nachdem bereits 1383 die Weiheerlaubnis erteilt worden war, folgte am 25. Juli 1405 die feierliche Weihe des Münsters zu Ehren der heiligen Dreifaltigkeit, des Heiligen Kreuzes, der Kirchenpatrone Maria, Martin, Antonius und des heiligen Vinzenz. Seither fanden im Münster Gottesdienste statt, auch wenn seine Vollendung noch in weiter Ferne lag. Seinerzeit dürften die Seitenschiffe bereits bis zum 9. Joch überdacht gewesen sein, waren aber mit Sicherheit noch nicht eingewölbt. Das Mittelschiff wurde vermutlich – zumindest teilweise – durch ein Notdach geschützt.

Hans Kun, der mit Ensingers Tochter Anna verheiratet war, fungierte ab 1399 als Stellvertreter seines Schweigervaters in Ulm und übernahm nach dessen Tod 1419 das Amt des Münsterbaumeisters.

Unter ihm erfolgte insbesondere der Weiterbau des Westturms, der seinerzeit bis auf etwa 40 Meter Höhe ausgeführt wurde. In die Ära seiner Tätigkeit fällt auch der Bau der bereits 1414 gestifteten Bessererkapelle, die sich elegant zwischen die Mauern und Strebepfeiler von Südturm und Chor schmiegt. Unter Hans Kun entstanden zudem einige prägende Figuren für die Westportalhalle durch Meister Hartmann und Hans Multscher, darunter der berühmte Schmerzensmann, dessen Original sich heute im Münsterinneren befindet.

1435 folgte ihm sein Sohn Kaspar Kun, über dessen immerhin bis 1446 während Bautätigkeit am Ulmer Münster nur wenig bekannt ist. Die Ausführung der Neithardtkapelle an der Nordseite des Chors, mit deren Bau 1444 begonnen wurde, dürfte nur zu sehr geringen Teilen auf ihn zurückgehen. Vermutlich beschränkt sich seine Arbeit an der Privatkapelle auf die Einrichtung der Gruft im Untergeschoss.

Die eigentliche Bauausführung der Neithardtkapelle blieb seinem Nachfolger Matthäus Ensinger vorbehalten. Als er das Amt des Münsterbaumeisters in Ulm 1446 antrat, konnte er nicht nur auf eine profunde Ausbildung bei seinem Vater Ulrich von Ensingen zurückblicken. Er brachte auch reichlich Berufserfahrung mit, die er als Bauleiter des Berner Münsters und der Esslinger Frauenkirche gesammelt hatte.

Neben der Neithardtkapelle gehen zwei weitere Privatkapellen im Bereich des Münsters auf ihn zurück. An der südlichen Außenwand fügte er die 1447 gestiftete Roth'sche Kapelle zwischen die Strebepfeiler ein. Um 1461/62 baute er unweit des südlichen Chor-

Blick von der Hauptorgel zum Triumphbogen mit einer Darstellung des Jüngsten Gerichts, das größte gotische Fresko nördlich der Alpen.

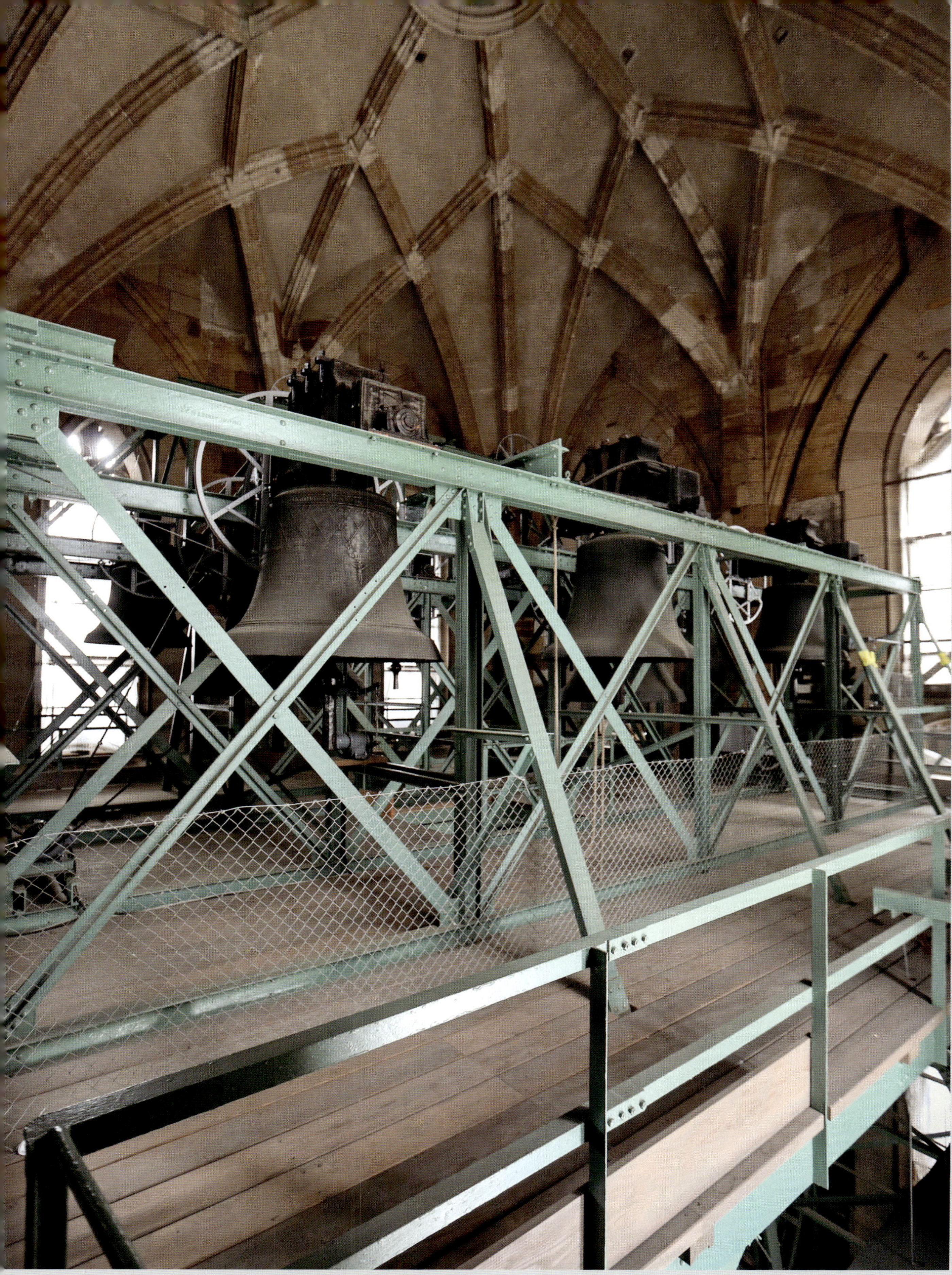

Der Glockenstuhl im Westturm beherbergt heute dreizehn Glocken.

turms die Valentinskapelle, die 1458 von Heinrich Rembold gestiftet worden war.

Als Matthäus Ensinger 1446 nach Ulm berufen wurde, hatte das Münster noch keinerlei Einwölbungen erfahren. Ihm blieb es vorbehalten, diese in Angriff zu nehmen. Den Auftakt bildete 1449 die Einwölbung des Chors, dem in der Folgezeit die Einwölbung der Seitenschiffe folgte. Daran erinnern sein Meisterzeichen und die Jahreszahl 1452 an der Ostwand des nördlichen Seitenschiffes. Die Jahreszahl 1452 dürfte auch den Abschluss der Einwölbungsarbeiten am Nordseitenschiff markieren.

Im Anschluss erfolgten der Verputz der Seitenschiffinnenwände und die Anbringung des riesigen Reichsadlers an der Nordostwand, der durch die spätere Neueinwölbung der Seitenschiffe weitgehend zentriert wurde.

Wann die Einwölbung des Südseitenschiffs fertig gestellt werden konnte, kann nicht mit Sicherheit gesagt werden; Materiallieferungen verweisen auf das Jahr 1455.

Unter Matthäus Ensinger wurde der Bau des Westturms weitergeführt und das Turmhallengewölbe vollendet, ebenso der darübergelegene steinerne Boden. Dieser trägt den Glockenstuhl und muss daher 1454 fertig gestellt gewesen sein, als das Geläut der großen Betglocke am 21. Oktober desselben Jahres erstmals erklang.

Matthäus Ensinger starb 1463 in Ulm. Erst zwei Jahre später wurde sein Sohn Moritz, der den Eintragungen der Hüttenbücher zufolge bereits zwischen 1449 und 1456 am Münster tätig gewesen war, zunächst für zwei Jahre und schließlich 1470 auf Lebenszeit als Kirchenbaumeister eingestellt.

Unter ihm erfolgte 1471 die Fertigstellung der Ostwand und der Einwölbung des Mittelschiffs.

Nach etwa hundert Jahren Bauzeit war der Münsterbau so weit gediehen, dass die Innenausstattung verstärkt in den Fokus rücken konnte. Dabei nutzte man die an der Ostwand ohnehin bereits aufgestellten Gerüste für Arbeiten am 26 Meter hohen Sakramentshaus und am Wandbild des jüngsten Gerichts.

Der Chor erfuhr eine Neuausstattung, die ihren Niederschlag insbesondere in der Anfertigung des reichen Chorgestühls und des prächtigen heute nicht mehr vorhandenen Hochaltars fand.

Links: Der Baldachin des Schmerzensmannes bildet zugleich die Konsole der Anna selbdritt. Rechts: Hoch über den Arkaden des Langhauses spenden die Obergadenfenster dem Münster Licht.

1477–1512: BÖBLINGER UND ENGELBERG

Nachdem Moritz Ensinger, der 1483 in Bern starb, Ulm den Rücken gekehrt hatte, wurde Matthäus Böblinger nach Ulm berufen, wo er 1480 schließlich auf Lebenszeit eingestellt wurde. Böblinger war den Ulmern kein gänzlich Unbekannter, hatte er doch bereits 1474 den Ölberg entworfen, der im damaligen Friedhof beim Münster Aufstellung fand.

Schon bald präsentierte Matthäus Böblinger einen neuen Entwurf für den Turm. Dieser war zwar keine komplette Absage an Ulrich von Ensingens Plan, präsentierte sich jedoch insgesamt harmonischer. »Im Vergleich zum Plan Ulrichs von Ensingen zeigt er eine flüssigere Formensprache und eine zügigere Zusammenfassung in der Senkrechten.«[1]

Zu Böblingers Lebzeiten konnte allerdings nur ein kleiner Teil seines Plans verwirklicht werden. Der Turm wuchs in den folgenden Jahren um das zweite Turmobergeschoss mit der Vierecksgalerie, wobei Böblinger noch einen Teil des Oktogons ausführen konnte, ehe er 1494 die Stadt – nicht ganz freiwillig – verließ.

Damit endet die mittelalterliche Bautätigkeit am Westturm, der bis weit ins 19. Jahrhundert hinein unvollendet blieb. Bei seiner Fertigstellung 1885 bis 1890 griff der Architekt August von Beyer auf Matthäus Böblingers Plan zurück und setzte ihn zu weiten Teilen um.

Böblingers Ulmer Tätigkeit ist durch ein Ereignis überschattet, das ihn zwang, seine Arbeit am Münster einzustellen, obwohl ihn keinerlei Schuld an der Misere traf. 1492 lösten sich während einer Andacht zwei Steine aus dem Turm, was die geschockten Kirchenbesucher zur raschen Flucht veranlasste. Denn sie fürchteten, so weiß der Ulmer Chronist Sebastian Fischer zu berichten, dass das Münster einstürzen könnte. Glücklicherweise wurde jedoch keiner verletzt.

Das Unglück rückte den Blick der Ulmer auf Baumängel, die aufgrund von Ulrich von Ensingens kühnem Turmplan entstanden waren. Der Turm drohte abzusinken, da seine Fundamentierung unzureichend war. Ein weiteres Problem, für das Ulrich von Ensingen allerdings nicht verantwortlich ist, ergab sich aus den weit gespannten Gewölben

Alte Ansicht der Stadt Ulm von Süden um 1493 mit dem unvollendeten Münster. Holzschnitt aus Hartmann Schedels Liber chronicarum.

der Seitenschiffe, die sich ungünstig auf die Statik auswirkten. Die Last ihres Gewichts war so stark, dass die Außen- und Arkadenwände auseinandergedrückt wurden.

Obwohl die Baumängel außerhalb von Matthäus Böblingers Verantwortlichkeit lagen, wurde er vom Rat der Stadt Ulm entlassen. In Esslingen, wo er bereits vor seiner Ulmer Zeit tätig gewesen war, fand er jedoch rasch wieder Arbeit als Kirchenbaumeister an der dortigen Frauenkirche.

Auf Einladung des Ulmer Rats versammelte sich 1493 ein Gutachtergremium von 28 Baumeistern aus verschiedenen Städten in Ulm. Einer von ihnen war Burkhart Engelberg, der seinerzeit die Leitung des Baus von St. Ulrich und Afra in Augsburg innehatte. Obwohl er als Nachfolger des geschassten Matthäus Böblinger angestellt wurde, behielt er seinen Augsburger Wohnsitz bei. Von dort aus entsandte er bereits im selben Jahr 116 neue Steinmetzgesellen nach Ulm. Die Bauleitung vor Ort übernahm der Parlier Lienhart Altin.

Eine Inschrift an St. Ulrich und Afra lobt Burkhart Engelberg als »des Pfarrturms zu Ulm großer Wiederbringer«. Das ist nicht als schmeichelhafte Übertreibung misszuverstehen. Denn Engelberg war nicht nur ein ausgesprochen fähiger Techniker. Es gelang ihm auch zu weiten Teilen, die notwendigen Rettungsmaßnahmen mit einer ästhetischen Bereicherung des Raumgefüges zu verbinden.

Die umfangreichen Sanierungsarbeiten begannen mit der Sicherung des Turms zwischen 1494 und 1500. »Engelberg verstärkte zunächst die östlichen Turmfundamente. Vor allem die Nordostecke war abgesackt; hier mauerte er das in die Fundamente einbezo-

Links: Vierecksgeschoss des Westturms mit der Vierecksgalerie. Rechts: Schlanke Rundsäulen von anmutiger Eleganz tragen die Seitenschiffgewölbe.

Die farbigen Fenster tauchen die südlichen Seitenschiffe in ein besonderes Licht.

gene Kellergewölbe aus.«[2] In der Folgezeit ließ Engelberg als zusätzliche Stütze am Westende des Kirchenbaus starke Mauern einziehen. Dadurch entstanden die Vorhallen der Seitenschiffe. Durch diese Abmauerung büßte das Kircheninnere notgedrungen an Leichtigkeit und Lichtfülle ein, wenngleich die Verbindung zwischen den Seitenschiffen und ihren Vorhallen durch hohe, breite Durchgänge erhalten blieb.

Während die Rettungsmaßnahmen im Westen nicht unbedingt zur Verschönerung beitrugen, führte die Neueinwölbung der Seitenschiffe zu einer deutlichen Steigerung der Raumästhetik. Hier fügte Engelberg in den ersten Jahren des 16. Jahrhunderts kleine, leichtere Gewölbe ein, deren Last zudem durch eine Reihe eleganter Rundpfeiler aufgefangen wurde. Damit wurde aus der bisher dreischiffigen Basilika ein fünfschiffiges Gotteshaus.

---

(1) Wortmann, S. 21.
(2) Ebd., S. 22.

1512–1543:
REFORMATION UND ENDE DER BAUTÄTIGKEITEN

Burkhart Engelbergs Tod 1512 markiert das Ende der mittelalterlichen Bautätigkeit am Ulmer Münster. Anscheinend hatten die Reichsstädter das Interesse an dem 1377 hoffnungsvoll und voller Zuversicht begonnenen Projekt verloren.

Welch geringe Bedeutung das beginnende 16. Jahrhundert dem Weiterbau des Münsters beimaß, mag man daran ermessen, dass nach Burkhart Engelbergs Tod zunächst kein neuer Münsterbaumeister berufen wurde. Erst 1518 erfolgte die Anstellung von Bernhard Winkler, der Engelbergs Parlier gewesen war. Er konnte allerdings keine rege Bautätigkeit entfalten. Denn schon 1519 beschloss der Ulmer Rat, die baulichen Aktivitäten zu reduzieren. Zehn Jahre später folgte die Entscheidung, den Turm mit möglichst geringem finanziellen Aufwand gegen Schäden zu sichern. So blieb Bernhard Winkler kaum mehr zu tun als einige Abschluss- und Reparaturarbeiten vorzunehmen.

Der Bau, der de facto bereits eingestellt war, wurde per Ratsbeschluss am 29. Januar 1543 auch offiziell beendet, wobei nicht zuletzt der Kostenfaktor ausschlaggebend

Die Hauptorgel aus dem Jahr 1969 verfügt über 95 Register.

Das steinerne Relief unter dem Südfenster der Bessererkapelle wurde im Bildersturm zerstört.

war. In den folgenden 300 Jahren blieb das Münster unverändert bestehen. Die unvollendeten Türme ließen das Bauwerk massig und unproportioniert erscheinen, ein »schauerlicher Block«, wie Eduard Mörike 1831 vermerkte.

Bernhard Winkler, dem es nicht beschieden war, wesentliche bauliche Spuren am Ulmer Münster zu hinterlassen, starb um 1551. Die Stelle des Münsterbaumeisters wurde danach nicht neu besetzt. In der Folgezeit verblieben lediglich ein Hüttenmaurer und ein Hüttenzimmermann. Die Baubetreuung oblag dem Stadtwerkmeister, wobei im Bedarfsfall selbständige Handwerker zum Einsatz kamen.

Rund 300 Jahre lang erfolgen keine nennenswerten baulichen Aktivitäten mehr. Lediglich die Errichtung der Orgelempore in der Westturmhalle 1576/78 und der Einbau der Renaissanceummantelung der Portale sind zu erwähnen.

Bereits 1530 hatte sich Ulm der Reformation angeschlossen. Der Entschluss fiel im Rahmen eines Bürgerentscheids, an dessen Zustandekommen allerdings nur ein kleiner Teil der Stadtbewohner mitwirken konnte. Denn von den damals etwa 18 000 Einwohnern waren lediglich rund 12 Prozent stimmberechtigt.

Die Entscheidung dürfte den Beteiligten nicht leicht gefallen sein. Schließlich ging es hier nicht ausschließlich um die Frage der konfessionellen Zugehörigkeit, sondern auch darum, ob man bereit war, den Bruch mit dem Kaiser zu riskieren. Gleichwohl stimmten 87 Prozent der Zunftangehörigen und 66 Prozent der Patrizier für die Einführung der Reformation.

Die althergebrachte Bilderverehrung galt nun vielen als Abgötterei. So kam es in zahlreichen reformierten Territorien zum so genannten Bildersturm, der zur Entfernung und Zerstörung von Altarbildern, Monstranzen und Statuen führte. Beim Ulmer Bildersturm handelte es sich allerdings nicht um eine spontane Aktion. Daher konnte ihn der Rat in relativ geordnete Bahnen lenken und zumindest die schlimmsten Auswüchse verhindern. Altargeräte, Monstranzen und einige Orgeln wurden im Vorfeld ausgelagert. Außerdem erging im Hinblick auf den bevorstehenden Bildersturm an zahlreiche Ulmer Familien die Aufforderung, ihren privaten Besitz an Bildern und Altären aus dem Münster zu entfernen. Des Weiteren stellte der Ulmer Rat das Westportal, das Sakramentshaus und das Chorgestühl unter seinen Schutz.

Wenngleich der Ulmer Bildersturm aufgrund der Vorkehrungen des Rates vergleichsweise glimpflich vonstattenging, brachte er dem Münster doch herbe Verluste. Zahlreiche Altäre, darunter der Hochaltar von Jörg Syrlin d. Ä., Portal- und Konsolenfiguren gingen verloren, wurden zerstört oder trugen schwere Beschädigungen davon. Bis heute legen die stark in Mitleidenschaft gezogene Karg-Nische an der Ostwand der Südseitenschiffe und das zerstörte Relief der Geburt Christi in der Bessererkapelle Zeugnis von der Wucht des Bildersturms ab.

Die Einführung der Reformation brachte die Ulmer zwangsläufig in Gegensatz zu Kaiser Karl V., der einen Religionskrieg gegen die protestantischen Reichsstädte Deutschlands führte. Ein Separatfrieden konnte der Stadt zwar Erleichterung verschaffen, musste aber unter harten Bedingungen erkauft werden.

Gleichzeitig erfuhr das bisher blühende Ulmer Kunsthandwerk einen starken Einbruch. In der nunmehr protestantischen Stadt ging die Nachfrage nach sakralen Kunstwerken deutlich zurück. Kirchliche Institutionen traten nur noch selten als Auftraggeber in Erscheinung.

Ulm aus der Vogelschau. Radierung von Matthäus Merian aus dem Jahr 1643.

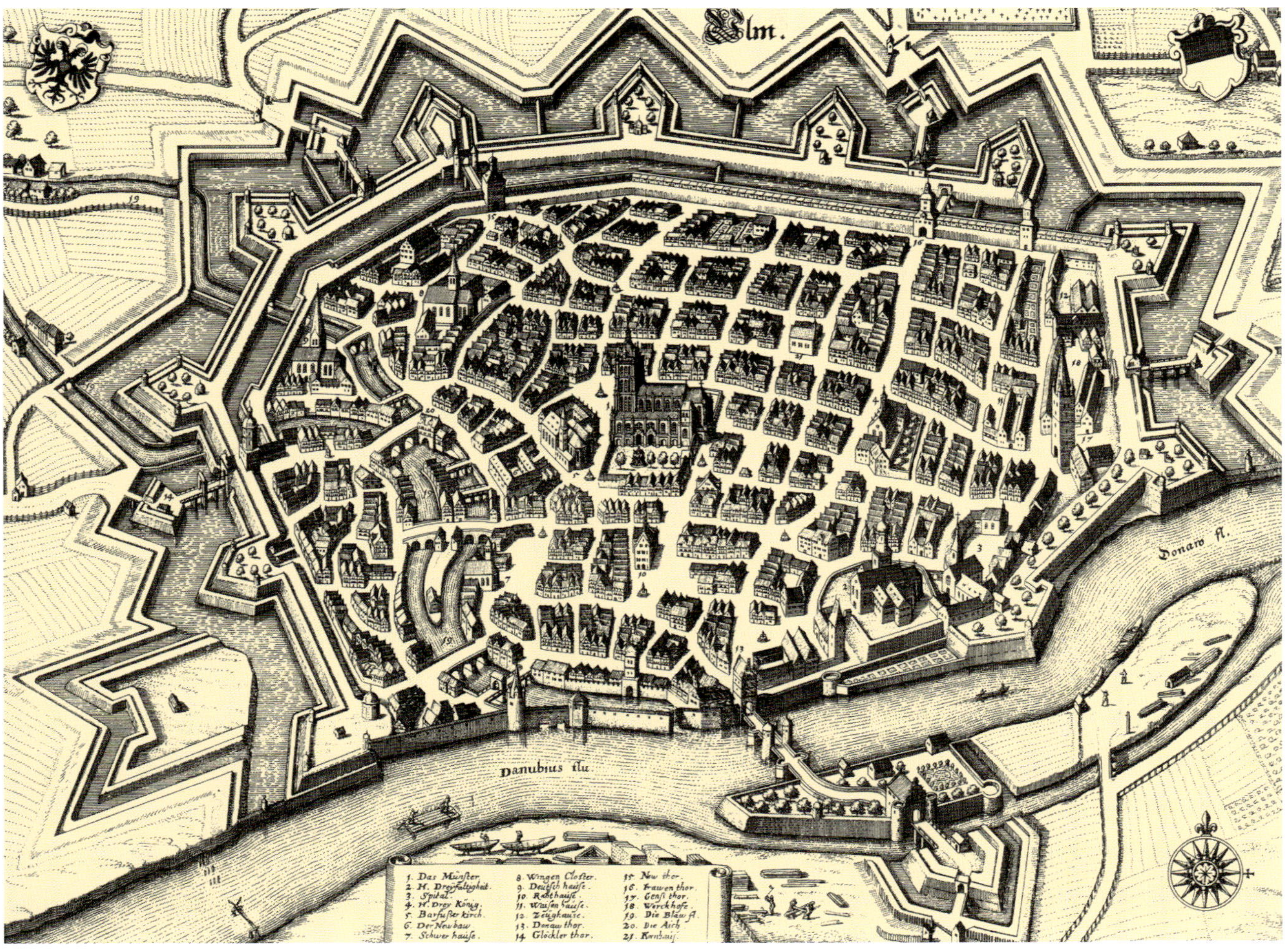

1844–1890:
VOLLENDUNG IM 19. JAHRHUNDERT

Rund drei Jahrhunderte lang blieb das Ulmer Münster ein Torso. Historische Abbildungen zeigen das unvollendete Bauwerk mit seinen nur ansatzweise vorhandenen Türmen als massigen Körper, dem in Ermangelung seiner vertikalen Ausrichtung jegliche Eleganz verwehrt war.

Der schwäbische Pfarrer und Dichter Eduard Mörike hat uns in seinen Briefen eine drastische Schilderung des Erscheinungsbildes hinterlassen. Als er 1831 Ulm besuchte, notierte er: »Bald lag das Münster wie ein schauerlicher Block vor Augen. Dieser Koloß, der so tyrannisch alles um sich her verkleinert und, von der Ferne betrachtet, gar keinen Bezug auf die Stadt nehmen will, scheint, wie ein überbliebenes Gespenst aus früheren Jahrhunderten, sich fremd und kalt in unserem verflachten Kirchenalter zu fühlen. Übrigens ist er zu seiner baulichen Umgebung um so unverhältnismäßiger, als er zu sich selber kein Verhältnis hat. Die Schuld hievon liegt aber nur daran, daß der Turm weit über die Hälfte nicht ausgebaut ist; das Fehlende hinzugedacht ist alles unvergleichlich.«[1]

Die Einzelscheibe des Kaiserfensters in der Christuskammer zeigt links Konrad Dietrich Hassler.

In Mörikes Worten klingt eine Entwicklung an, die zu einer Neubewertung der Gotik führte, die lange als »barbarisch« gegolten hatte. Die Rückbesinnung auf das »teutsche Altertum« führte im 19. Jahrhundert zur Rehabilitation der Gotik und bildete letztendlich auch die Grundlagen der Denkmalpflege, die sich seinerzeit zu entwickeln begann. Zugleich wurden an mehreren Sakralbauten, die im Mittelalter unvollendet geblieben waren, die Bautätigkeiten wieder aufgenommen. Als berühmtestes Beispiel sei hier der Kölner Dom genannt, wo König Friedrich Wilhelm IV. von Preußen 1842 den Grundstein zum Weiterbau legte.

1841 erfolgte die Gründung des »Vereins für Kunst und Alterthum in Ulm und Oberschwaben« durch den Zeichenlehrer Eduard Mauch, den Finanzkammerassessor Friedrich Eser und den Buchhändler Dr. Philipp Adam. Zu den Vereinszielen zählte die »Restauration« des Münsters. Vordergründig ging es also lediglich um den Erhalt und die Sanierung des Münsters, wenngleich insgeheim der Ausbau angestrebt wurde.

Mit Kronprinz Karl von Württemberg, der die Schirmherrschaft übernahm, gewann der Verein einen mächtigen und großzügigen Fürsprecher. Eine führende Rolle spielte der Ulmer Gymnasiallehrer Konrad Dietrich Hassler, der sich schon bald dem noch jungen Verein anschloss. Seine Vor-

Die historische Aufnahme von 1860 zeigt den unvollendeten Westturm des Münsters.

Im 19. Jahrhundert ließ Ferdinand Thrän Strebebögen anbringen.

träge über das Ulmer Münster weckten sowohl das Interesse der Menschen als auch die Spendenbereitschaft der Fürsten. Ihm ist auch die Entdeckung des alten Münsterarchivs und der Erwerb des Böblinger-Risses von 1477 zu verdanken.

Ein weiterer Ulmer, der sich große Verdienste um den Erhalt des Münsters erwarb, war der dortige Stadtbauinspektor Ferdinand Thrän. Die Münsterbauhütte verdankt ihren Neuanfang 1844 ganz wesentlich seiner Initiative. Auf Thrän geht auch die Idee zurück, dem Kölner Vorbild entsprechend in Ulm eine Münsterbaulotterie ins Leben zum rufen.

Ferdinand Thrän, der 1857 zum Münsterbaumeister auf Lebenszeit ernannt wurde, war zunächst vor allem mit Sicherungsmaßnahmen am Westturm beschäftigt. Daraufhin richtete sich seine Aufmerksamkeit auf die auseinanderdriftenden Wände des Hochschiffs, denen das fehlende Strebewerk zum Verhängnis geworden war. Ferdinand Thrän, der diesen Umstand rasch erkannte, ließ daher die Seitenschiffstrebepfeiler mit hohen Belastungsfialen und Strebebögen zur Verstärkung anbringen. Von dieser Maßnahme profitierte nicht nur die Stabilität, sondern auch die Harmonie des äußeren Erscheinungsbildes.

Bereits 1848 waren zwei auswärtige Fachleute als Beiräte hinzugezogen worden: der Stuttgarter Baurat Ludwig Friedrich von Gaab und der Reutlinger Bauinspektor Johann Georg Rupp, der maßgeblich am Bau von Schloss Lichtenstein beteiligt war. 1855 trat an von Gaabs Stelle der Leiter der Stuttgarter Baugewerkschule Professor Joseph von Egle.

Bis zu Ferdinand Thräns Tod 1870 war die Mitarbeiterzahl der Bauhütte auf 55 Männer angestiegen. Seine Ära brachte erstmals Maßnahmen zum Gesundheitsschutz der Steinmetze, die aufgrund ihrer

Arbeit von teilweise tödlich verlaufenden Lungenkrankheiten bedroht waren. Gleichzeitig erhielten die Hüttenmitarbeiter durch die Gründung eines Krankenkassenvereins 1865 etwas soziale Absicherung.

Auf Empfehlung Professor von Egles wurde 1871 sein ehemaliger Schüler, der Architekt und Werkmeister Ludwig Scheu, als neuer Münsterbaumeister berufen. Während sich Ferdinand Thräns Tätigkeit ausschließlich auf die Rettung und den Erhalt des Münsters konzentrierte, begann unter Ludwig Scheu der Ausbau, den sowohl Thrän als auch der Altertumsverein von Anfang an insgeheim angestrebt hatten.

In den zehn Jahren seiner Tätigkeit führte Ludwig Scheu die überdachte steinerne Galerie am Chor aus und vollendete 1877 und 1880 die beiden 86 Meter hohen Chortürme, die während der mittelalterlichen Bauphase lediglich bis zur Höhe von etwa 32 Metern errichtet worden waren. Sie entstanden nach Ludwig Scheus eigenen Entwürfen, da keine alten Risse mehr erhalten waren, die über die ursprünglich beabsichtigte Planung hätten Auskunft geben können.

Die Fertigstellung des Südturms wurde 1877 mit einem großen historischen Festumzug, an dem zahlreiche Ulmer teilnahmen, begangen.

Zur Eindämmung der Brandgefahr empfahl Professor Joseph von Egle eiserne Dachstühle für das Münster. Der unmittelbare Anlass, sich mit der Frage des Feuerschutzes zu befassen, war der Dachstuhlbrand des Straßburger Münsters 1870, der durch einen Beschuss während des Deutsch-Französischen Krieges verursacht wurde. Bereits 1878/79 erhielten die Seitenschiffe eiserne Dachstühle. Diejenigen von Hochschiff und Chor wurden erst 1890/91 unter Ludwig Scheus Nachfolger August von Beyer aufgestellt.

Nach Ludwig Scheus überraschendem Tod war wiederum Professor Joseph von Egles Empfehlung für die Berufung des neuen Münsterbaumeisters ausschlaggebend. Der Stuttgarter Architekt und Lehrer an der Baugewerkschule August von Beyer wurde mit der Aufgabe betraut, den Westturm weiterzubauen. Obwohl Ludwig Scheu kurz vor seinem Tod bereits einige vorbereitende

Links: Die Neugründung der Münsterbauhütte 1844 geht auf Ferdinand Thrän zurück.
Rechts: Unter dem Münsterbaumeister Ludwig Scheu wurden im 19. Jahrhundert die Chortürme vollendet.

Vor der Kreuzblume des Westturms präsentieren sich 1890 die Mitarbeiter der Münsterbauhütte.

Maßnahmen ausgeführt hatte, musste sein Nachfolger zunächst umfangreiche Verstärkungsarbeiten vornehmen.

Aufgrund der erhaltenen Turmrisse der mittelalterlichen Baumeister Ulrich von Ensingen und Matthäus Böblinger konnte beim Ausbau des Westturms auf historische Vorbilder zurückgegriffen werden. Die Entscheidung fiel rasch zugunsten des Böblinger'schen Plans, der allerdings nicht detailgetreu umgesetzt wurde. August von Beyer hatte durchaus Gestaltungsspielraum und wusste diesen zur Verbesserung des äußeren Gesamtbildes zu nutzen. Er kürzte Matthäus Böblingers 34 Meter hohes Achteck um zwei Meter und erhöhte im Gegenzug den Helm von 47 auf 59 Meter. So schuf er mit 161 Metern den bis heute höchsten Kirchturm der Welt.

Das brachte ihm nicht nur Ehre ein, sondern auch die Unterstellung, er habe den 1880 fertig gestellten Kölner Dom mit seinen 156 Meter hohen Türmen übertreffen wollen. Man darf allerdings davon ausgehen, dass für den renommierten Baumeister weniger Konkurrenzdenken ausschlaggebend war. Im Vordergrund standen eher ästhetische Gesichtspunkte, denn die Erhöhung des Turmhelms verhalf dem Münster tatsächlich zu einem vollendet harmonischen Äußeren.

Eine weitere Abweichung von Böblingers Plan zeigt sich im Turmabschluss. Hier war ursprünglich ein Standbild der Jungfrau Maria vorgesehen, wie man es häufig auf mittelalterlichen Kirchen findet. Von der Aufstellung der Kirchenpatronin wurde allerdings Abstand genommen, da die Mariendarstellung als wenig angemessen für das mittlerweile evangelische Gotteshaus angesehen wurde. Aus diesem Grund fiel die Entscheidung zugunsten einer Kreuzblume als Turmabschluss.

In Anwesenheit des Stiftungsrats, des Architekten August von Beyer und Vertretern der Geistlichkeit sowie der Werkleute wurde am Samstag, den 31. Mai 1890, feierlich der Schlussstein des Westturms gesetzt. Die Urkunde, die ihm beigefügt wurde, trägt die Inschrift: »Im Jahre des Heils 1890, des zwanzigsten im neuen Deutschen Reich, dem sechsundzwanzigsten der Regierung Sr. Maj. des Königs Karl von Württemberg, am 31. Mai abends 6 Uhr ist der Schlußstein der Kreuzblume zum Hauptturm dieses Münsters aufgesetzt worden, 513 Jahre nach der Grundsteinlegung ward dieses größte Gotteshaus in deutschen Landen glücklich vollendet. Ehre sei Gott in der Höhe!«(2)

Am 31. Mai 1890 verbarg sich der höchste Kirchturm der Welt allerdings nach wie vor hinter einem 90 Meter hohen hölzernen Gerüst, von dem bis zum Fest der Turmvollendung lediglich 25 Meter abgebaut werden konnten. Bis zur endgültigen Freilegung des

Westturms sollten noch zwei Jahre ins Land gehen.

Das tat dem großen Münsterfest, das vom 29. Juni bis zum 1. Juli begangen wurde, jedoch keinen Abbruch. Allerdings zeigte sich das Wetter weniger gnädig. Aufgrund von heftigen Regenfällen mussten das geplante Volksfest und das Fischerstechen ausfallen. Gleichwohl durften sich die Stadtbewohner und die zahlreichen Festgäste, die zu diesem Anlass teilweise von weit her angereist waren, eines umfangreichen Festprogramms erfreuen: Turmbläser, Geläut der Schwörglocke, Aufführung des Oratoriums »Elias« von Felix Mendelssohn-Bartholdy sowie ein Festspiel mit großem Festumzug, dessen Teilnehmer in historischen Kostümen an die glorreiche Geschichte der einstigen Reichsstadt erinnerten.

Das eigens einberufene Festkomitee hatte allerdings nicht nur die Aufgabe, die zahlreichen Programmpunkte zu planen und zu koordinieren. Die ausgeklügelte Organisation musste auch die Unterbringung und Verpflegung der vielen Festgäste berücksichtigen, die mit etwa 32 Sonderzügen anreisten.

Zu ihnen zählten auch hochrangige geladene Gäste aus dem Hochadel, insbesondere König Karl von Württemberg und seine Gemahlin Olga sowie Fürst Leopold von Hohenzollern. Sowohl Kaiser Wilhelm II. als auch Prinzregent Luitpold von Bayern verzichteten auf die persönliche Teilnahme am Münsterfest und beschränkten sich darauf, weniger bedeutende Familienmitglieder als Vertreter zu schicken.

---

(1) Mörike, Eduard: Briefe. Tübingen 1939. Zit. nach Schmitt/Silberberger, S. 220.
(2) Zit. nach Fink, S. 58/59.

Links: Zur Eindämmung der Brandgefahr erhielt das Münster im 19. Jahrhundert eiserne Dachstühle.
Rechts: Eine historische Aufnahme von 1885 zeigt den eingerüsteten Westturm.

1890–HEUTE: EWIGE BAUSTELLE

Mitarbeiter der Münsterbauhütte im Jahr 1899.

Mit der Fertigstellung des Westturms 1890 und dem großen Münsterfest waren die Arbeiten am Münsterbau noch lange nicht beendet. Während der Abbau des Turmgerüstes noch bis 1892 andauerte und das Chordach erneuert wurde, erfolgte die Entfernung diverser unschöner Münsteranbauten. Das betraf insbesondere die Westfront, an deren südlicher Seite nach der Beseitigung eines hässlichen Anbaus ein neuer Zugang mit darüberliegendem Fenster entstand. Gleichzeitig zog sich die Restaurierung des Münsterinneren bis zu Beginn des 20. Jahrhunderts in die Länge.

Seither wurden und werden fast ununterbrochen bauliche Maßnahmen am Münster durchgeführt. Der jährliche Etat für die Renovierung des Münsters beträgt rund 2,5 Millionen Euro, die überwiegend vom Land, der Stadt Ulm und der evangelischen Kirche aufgebracht werden müssen. Weitere Unterstützung kommt von der Deutschen Stiftung Denkmalschutz, durch Spenden und Eintrittsgelder.

Während die Mauern der Seitenschiffe überwiegend aus Backstein gefertigt wurden, kamen bei den Türmen und Obergaden verschiedene Sand- und Kalksteine zum Einsatz. Diese sind weich und daher leicht zu bearbeiten. Dadurch werden sie aber auch rasch zum Opfer von Wind und Wetter, Regen, Schnee, Frost, Sonne und Umweltverschmutzung.

Das macht sich insbesondere am südlichen Chorturm bemerkbar, wo neben dem härteren Schlaitdorfer Sandstein der deutlich weichere Savonnières-Kalkstein zum Einsatz kam, der nach dem Deutsch-Französischen Krieg 1870/71 als Reparationsleistung geliefert werden musste.

Das Zusammentreffen unterschiedlich harter Steinsorten führt besonders schnell zu

Im Zweiten Weltkrieg wurden über 80 Prozent der historischen Ulmer Altstadt zerstört.

Die Modellkammer im Südturm.

Beschädigungen, wie Münsterbaumeister Michael Hilbert erläutert. »Wenn ein harter auf einem weichen Stein steht, läuft Regen am harten Stein ab und spült den unteren aus. Stehen die Steine umgekehrt aufeinander, nimmt der weiche Stein das Wasser auf und es bleibt in der Fuge. Wenn dieses Wasser friert, dehnt es sich aus und der Stein hat Frostabplatzungen.«

Die Suche nach geeignetem Steinmaterial ist eine große Herausforderung, denn die bisherigen Abbaugebiete sind erschöpft. Ersatz zu finden ist nicht leicht, da die Anforderungen an Qualität und Menge sehr hoch sind. Allein in den nächsten zehn Jahren werden 250 Kubikmeter Stubensandstein benötigt. Nach langer, intensiver Suche wurde man schließlich in der Nähe von Waldenbuch fündig. Dort fand sich eine Stelle, an der es Stubensandstein in der erforderlichen Menge und gewünschten Qualität gibt.

DAS MÜNSTER VON AUSSEN

DIE WESTSEITE MIT DEM WESTTURM

Der steil aufragende Westturm des Münsters prägt die Stadtansicht von Ulm.

Der Westturm des Ulmer Münsters ist mit 161,53 Metern der höchste Kirchturm der Welt. 768 Treppenstufen führen zur Plattform des Helmkranzes, der in 142 Metern Höhe den höchsten Aussichtspunkt des Münsters darstellt.

Den Turmabschluss bildet die 700 Zentner schwere, drei Meter Durchmesser umfassende Kreuzblume, über der sich eine kleinere Kreuzblume und ein Knauf an der obersten Turmspitze erheben. Bevor die Kreuzblume am 15. Mai 1890 aufgesetzt

wurde, war sie für die Ulmer in der Turmhalle zu besichtigen.

Am 31. Mai 1890 erfolgte die Versetzung des Schlusssteines, die von Glockengeläut und dem Bläserchoral »Nun danket alle Gott« begleitet wurde. Stadtpfarrer Christian Ludwig Ernst trug einen feierlichen Segensspruch in gereimter Form vor:

Vater im Himmel, Baumeister der Welten!
Dir soll der erste Preis jetzt gelten;
Durch Deine Gnade ist auferbauet,
Was unser freudiges Auge schauet;
Von Deiner ewigen Gottesmacht
Zeugt unseres Turmes erhabene Pracht.
Schirmherr des Baues, Du hast in Gnaden
Die Arbeiter alle behütet vor Schaden.
Hast uns den Frieden
Gnädig beschieden,
Hast Segen gespendet,
Bis der Turm nun vollendet.
Geheiligt werde Dein Name!
Nun, was wir erbauet
Sei dir anvertrauet;
Wollst unser Münster ferner behüten
Vor Blitzesstrahl und vor Sturmeswüten,
Schütz es mit Deiner allmächtigen Hand!
Auf ein glückliches Volk und Land,
Auf gesegnete friedliche Auen
Laß unsern Turm stets niederschauen;
Als Dein mächtiger Finger lenk' er die Gedanken
Über der Zeitlichkeit enge Schranken
Himmelwärts zu Deinem ewigen Licht,
Wohin auch unser Lob sich jetzt richt':
Dein ist das Reich und die Kraft und die Herrlichkeit in Ewigkeit!
Ehre sei Gott in der Höhe!
Amen(1)

Dem frommen Wunsch des Pfarrers, Gott möge das Münster vor »Blitzesstrahl« bewahren, war bereits durch die Installation

Oben: In luftiger Höhe finden sich Statuen und Fabelwesen. Unten: Gotische Architektur vom Feinsten: der wuchtige Westturm und die filigranen Strukturen der südlichen Seitenschiffe.

Oben: Auch weit oben am Turm finden sich liebevoll ausgeschmückte Baudetails. Unten: Fünf Münsterglocken aus dem Glockenstuhl im Westturm wurden im Zweiten Weltkrieg für die Waffenproduktion eingeschmolzen.

eines Blitzableiters Rechnung getragen worden. Zu seiner Wartung wurde die oberste Turmspitze um die Wende zum 20. Jahrhundert »durch Leitern und Griffe«[2] erreichbar gemacht.

Der ursprüngliche Plan der Parler hatte allerdings wesentlich bescheidener dimensionierte Türme vorgesehen. Das Grundsteinlegungsrelief zeigt einen relativ niedrigen Westturm, der die Chortürme nur unwesentlich überragt. Erst unter Ulrich von Ensingen vollzog sich der Planwechsel zu einem hoch aufragenden Hauptturm von 149,70 Metern Höhe.

Wenngleich die Grundkonzeption zu weiten Teilen auf Ulrich von Ensingen zurückgeht, kamen zu seinen Lebzeiten lediglich das Erdgeschoss mit der Vorhalle und wenige Teile des Obergeschosses zur Ausführung. Unter seinem Schwiegersohn Hans Kun, in dessen Ära auch die Anfertigung der Westvorhallenfiguren und des Schmerzensmannes fallen, wurde der Turmbau bis auf etwa 40 Meter Höhe weitergeführt.

Ulrichs Sohn, Matthäus Ensinger, vollendete das Turmhallengewölbe und den darüber befindlichen steinernen Boden, wo 1454 erstmals das Geläut der großen Betglocke erklang. Der heutige Glockenstuhl im Westturm blickt jedoch auf eine wesentlich jüngere Entstehungszeit zurück. Er wurde erst 1897/98 durch August von Beyer eingerichtet und besteht im Gegensatz zu seinem hölzernen Vorgänger aus Eisen.

Heute beherbergt der Westturm dreizehn Glocken. Die älteste ist die 3500 Kilogramm schwere Schwörglocke aus dem 14. Jahrhundert, die aus der alten Pfarrkirche »über Feld« stammt. Sie erklingt nur einmal im Jahr am Schwörtag und wird als Einzige nach wie vor von Hand geläutet.

Fünf Glocken fielen dem erhöhten Metallbedarf des Zweiten Weltkrieges zum Opfer. Sie wurden für die Waffenproduktion eingeschmolzen, konnten aber dank der Spendenbereitschaft der Ulmer 1956 durch neue Glocken ersetzt werden.

1477 erfolgte Matthäus Böblingers Berufung nach Ulm. Innerhalb kürzester Zeit präsentierte er einen neuen Turmplan, der während der mittelalterlichen Bauzeit allerdings nicht einmal bis zur Hälfte verwirklicht werden konnte. Dem 19. Jahrhundert blieb es vorbehalten, sei-

Links: Fabelwesen fungieren als Wasserspeier am Westturm des Münsters.
Rechts: Blick durch das verspielte Maßwerk eines Fensters im Westturm.

Links: Gnome und Phantasiegestalten bevölkern den Westturm. Rechts: Eine der Wendeltreppen, die auf die Aussichtspunkte des Westturmes führen.

nen Plan aufzugreifen und in weiten Teilen umzusetzen.

Böblingers Entwurf zeigt sich deutlich harmonischer als sein fast neunzig Jahre älterer Vorgänger. In elegantem Fluss erfolgt der Übergang von der Vierecksgalerie zum Oktogon, das in seiner Gesamtheit keinerlei Beeinträchtigung durch Geschossunterbrechungen erfährt.

Beim Münsterbau kamen verschiedene Steinmaterialien zum Einsatz. Für die Seitenschiffe, den Chor und den Unterbau der Chortürme wurden überwiegend Backsteine verwendet, für den Westturm vor allem Hausteine: »Deutlich setzen sich von den originalen mittelalterlichen Turmteilen mit dem lebendigen Wechselspiel von hellem Süßwaßerkalk, warm-rostgelbem Donzdorfer sowie graugrünem Rorschacher Sandstein die einheitlich kühl-grauen des Oktogons samt Helm (in Keuper- und Wesersandstein) sowie die renovierten Partien (Muschelkalk) ab.«[3]

Unter Matthäus Böblinger wuchs der Turm um das zweite Turmobergeschoss mit der Vierecksgalerie, wobei noch etwa fünf Meter des Oktogons zu Ausführung kamen. Damit endet die mittelalterliche Bautätigkeit am Westturm, der erst Jahrhunderte später seine Vollendung erfahren sollte. An der Brüstung der Vierecksgalerie befindet sich Böblingers Meisterzeichen neben der Jahreszahl 1494. Die Plattform muss allerdings bereits zwei Jahre zuvor so weit fertig gestellt worden sein, dass sie bestiegen werden konnte. Denn 1492 besuchte Kaiser Maximilian den seinerzeit angeblich höchsten Aussichtspunkt Württembergs. Der Legende zufolge soll er an der nördlichen Seite, wo die Galeriebrüstung noch fehlte, sein Bein tollkühn über den 70 Meter tiefen Abgrund geschwungen haben.

Eine Karikatur aus der Zeit um 1878 zeigt zwei Ulmer, die sich vor dem Westturm unterhalten, daneben ein Schild mit dem Hinweis, dass lautes Sprechen an dieser Stelle verboten ist. Ein Schutzmann fordert die Männer auf: »He da, schreiet net so, wisset ihr denn net, dass der Thura so a schlechts Fundament het, muß er wegen ui fünfz'g Jahr früher einfalla!«

Die Geschichte des Münsterturms ist auch die Geschichte einer unzureichen-

den Fundamentierung, statischer Probleme und mehrerer Sanierungsmaßnahmen. Das Fundament unter dem Westturm, das vom heutigen Turm mit 51 500 Tonnen Gewicht belastet wird, ist nur 3,5 Meter tief und tangierte zudem das Kellergewölbe eines älteren Wohngebäudes. Bereits 1492 zeigten sich erstmals Baumängel, als sich zwei Steine aus dem Turmgewölbe lösten und unter den anwesenden Gottesdienstbesuchern eine Panik auslösten. In der Folgezeit wurden die Turmfundamente mehrfach verstärkt.

Das Mittelalter kannte allerdings keine baustatischen Berechnungen im heutigen

Das reich verzierte erste Obergeschoss des Westturms.

Blick vom Westturm über das Langhaus auf die Chortürme.

Sinn. Die Baumeister mussten sich zwangsläufig auf die Erfahrungen verlassen, die sie im Lauf der Zeit gesammelt hatten. Daher kam es auch andernorts zu Baumängeln, die teilweise wesentlich gravierendere Folgen als in Ulm nach sich zogen.

Als Ende des 19. Jahrhunderts der Ausbau des Westturms in Angriff genommen wurde, war die Kenntnis der Baustatik wesentlich weiter gediehen. Erst nach umfangreichen Untersuchungen und zahlreichen Beratungen mit hochkarätigen Fachleuten fiel die Entscheidung zugunsten des Turmausbaus, vor dessen Beginn weitere Verstärkungs- und Absicherungsmaßnahmen standen.

Zugleich erleichterten moderne technische Errungenschaften die Bautätigkeiten. Das Baumaterial konnte mit der seit 1850 nach Ulm verkehrenden Eisenbahn angeliefert und mit Aufzugsmaschinen auf die Turmbaustelle transportiert werden. Gasmotoren kamen zum Einsatz und für die Kommunikation zwischen den Arbeitern auf den Gerüsten und ihren Kollegen am Boden wurde eigens eine Telefonleitung eingerichtet.

Zu den schönsten Portalschöpfungen der Gotik zählt das hohe Westportal mit seiner figurenreichen Vorhalle. Zwei schlanke Freipfeiler tragen die eleganten Spitzbogen, über denen sich die Vorhallenstirnwand erhebt. In ihrer Mitte thront eine Steinfigur der sitzenden Maria mit dem Kind. Um sie gruppieren sich achtzehn weitere Statuen, die in ihrer Anordnung dem Verlauf der Spitzbogen folgen. Die Dargestellten repräsentieren sechs christliche Märtyrerinnen und die zwölf Apostel. Die Steinskulpturen der Vorhallenstirnwand entstanden um 1420/21 und stammen von dem in Ulm tätigen Meister

Der oberste Abschnitt des Westturms zeigt sich kunstvoll und luftig. In der Mitte führt die Treppe zum höchsten Aussichtspunkt des Turmes auf 143 Meter.

Links oben: Der Schmerzensmann von Hans Multscher am Mittelpfeiler der Westportalvorhalle. Das Original befindet sich im Münster. Rechts oben: Märtyrerinnen und Apostel an der Stirnwand der Westportalvorhalle. Links unten: Konsole des heiligen Martin am südlichen Freipfeiler des Westportals. Rechts unten: Die Muttergottes und der heilige Martin am südlichen Freipfeiler des Westportals.

Hartmann, der erstmals 1417 im Hüttenbuch erwähnt wird.

Auf ihn gehen auch die vier Statuen der Freipfeiler zurück, die sich auf Konsolen mit individuellem figürlichen Schmuck erheben. Das nördliche Pfeilerpaar zeigt die Kirchenpatrone Johannes der Täufer und Antonius, das südliche die Muttergottes und den heiligen Martin, der mit einem Schwert seinen Mantel teilt. Bei den heutigen Freipfeilerfiguren handelt es sich allerdings um Kopien. Die Originale wurden, um sie vor der weiteren Verwitterung zu schützen, ins Münsterinnere verbracht.

Drei hohe Durchgänge führen in die 16,50 Meter hohe, 13,50 Meter breite und 10,50 Meter tiefe Vorhalle, deren hohes Portal über zwei Zugänge zum Kirchenraum verfügt. Der stark hervortretende Mittelpfeiler präsentiert unter einem filigranen Baldachin eines der bedeutendsten Werke der spätgotischen Plastik: den Schmerzensmann von Hans Multscher, der 1427 als steuerfreier Bürger in Ulm aufgenommen wurde. Die Originalfigur kam 1976 ins Münsterinnere, wo sie am Chorbogen Aufstellung fand. Am Mittelpfeiler wurde sie durch eine Nachbildung ersetzt.

Oben: Weihnachtsstimmung auf dem Münsterplatz vor dem Westturm.
Unten: Die Tympanonreliefs des Westportals entstanden um 1400.

Die Kirchenpatrone Antonius und Johannes der Täufer am nördlichen Freipfeiler des Westportals.

Die übrigen Figuren der Westportalvorhalle sind rund achtzig Jahre jünger und gehen bis auf zwei Ausnahmen auf den Bildhauer Niklas Weckmann zurück. Sie wurden aus Holz gefertigt und später grau angestrichen, so dass sie eine erstaunliche Ähnlichkeit mit Steinfiguren aufweisen. Ursprünglich waren sie allerdings farbig bemalt. Zu dieser Figurengruppe zählen auch die Schmerzensmutter und der Evangelist Johannes, die den Schmerzensmann am Portalmittelpfeiler flankieren.

Der Baldachin des Schmerzensmannes bildet zugleich die Konsole der Anna selbdritt. In ihrer rechten Hand hält sie den Jesusknaben mit der Weltkugel, in der linken die lesende Maria, die ebenfalls als Kind dargestellt ist.

Über dem Baldachin des Evangelisten Johannes erhebt sich die Statue der heiligen Helena, Mutter Kaiser Konstantins des Großen. Das hohe Kreuz erinnert an die Legende, sie habe um 326 das Kreuz Christi wiederentdeckt. Auf der anderen Seite der Anna selbdritt befindet sich eine Darstellung des heiligen Antonius mit seinem Attribut, dem Antoniusglöckchen.

Der reiche Figurenschmuck der Hohlkehlen beinhaltet die Darstellung der Apostel und ihrer Martyrien, der törichten und der klugen Jungfrauen, zweier Kirchenlehrer, der vier Evangelisten sowie weiterer Heiliger und kirchlicher Persönlichkeiten.

Die Reliefs des Tympanons entstanden um 1400 und zeigen auf drei übereinander angeordneten Reihen in klar verständlichen Bildern die Ereignisse des Alten Testaments von der Erschaffung der Welt bis zum Brudermord, wobei die einzelnen Bilder fließend ineinander übergehen. In der Bogenspitze ist Luzifers Fall dargestellt. In der Reihe darunter beginnt der eigentliche Zyklus mit vier Schöpfungsszenen und setzt sich in der nächsten mit der Erschaffung der Tiere sowie Adams und Evas fort. Die mittlere Ebene schließt mit dem Sündenfall und der Vertreibung aus dem Paradies. Die unterste Zeile wendet sich zunächst dem Alltagsleben der ersten Menschen nach der Vertreibung aus dem Paradies zu. Man sieht Adam beim Ackerbau und Eva beim Spinnen. Die letzten drei Szenen sind besonders eindringlich: Kain, dessen Opfer von einem Teufel in Empfang genommen wird, während ein Engel das seines Bruders in den Himmel trägt; Kain erschlägt Abel mit einer Spitzhacke und verscharrt anschließend seinen Leichnam; und zum Schluss Gottes Frage an Kain nach dem Verbleib seines Bruders Abel.

---

(1) Zit. nach Fink, S. 59.
(2) Pfleiderer, S. 189.
(3) Wortmann, S. 85.

DIE SÜDSEITE

An der südlichen Langhausseite durchbrechen zwei reich gestaltete Portale den strengen Rhythmus der hohen Fenster und der massiven Strebepfeiler mit ihren steil aufragenden Fialen. Über dem Dach des Seitenschiffs erhebt sich der Obergaden aus Donzdorfer Sandstein, dem die stabilisierenden Strebebögen aus dem 19. Jahrhundert vorgelagert sind.

Das neunte Joch von Osten ist breiter als seine Vorgänger und bietet somit den nötigen Raum für die Aufnahme des großzügigen Südwestportals, das aufgrund seiner detailreichen Darstellungen aus dem Marienleben auch als Marienportal bezeichnet wird. Die drei hölzernen Tore, deren mittleres breiter als die seitlichen ist, werden durch zwei kräftige Pfeiler getrennt. Darüber erhebt sich das Tympanon mit seinem prächtigen Reliefschmuck und seiner bemerkenswerten Gliederung. Über den Seitentoren sind kleine Bogenfelder angesiedelt. Im linken ist die Anbetung der Heiligen Drei Könige zu sehen. Das rechte Spitzbogenfeld zeigt die Geburt Christi im Stall zu Bethlehem und die Hirten auf dem Feld inmitten einer großen Schafherde.

Die rechteckige Reliefdarstellung in der Mitte zwischen diesen beiden Bogenfeldern bezieht sich auf den Aufbruch und die Reise

Mit Fialen bekrönte Strebepfeiler und Strebebögen über dem Dach des südlichen Seitenschiffs.

Oben: Weit hervortretende Strebepfeiler gliedern die Außenwände der Seitenschiffe.
Unten: Detailansicht der reich gestalteten Südseite des Münsters.

der Heiligen Drei Könige aus dem Morgenland sowie die vorausgehenden Begebenheiten. Dieser Teil der Weihnachtsgeschichte findet sich nur äußerst selten in mittelalterlichen Darstellungen: Die Könige erblicken den Stern mit dem Jesusknaben, der ein großes Kreuz hält; neben ihren Burgen, aus deren Fenstern die Königinnen herausschauen, ereignen sich drei Wunder, die ihnen das Zeichen zum Aufbruch geben.

Über den Reliefs der drei Tore präsentieren sich auf drei Ebenen verteilt weitere Stationen der Marienlegende.

Folgt man dem Langhaus vier Joche weiter nach Osten, trifft man auf eine vermauerte Tür. An dieser Stelle befand sich die kleine Roth'sche Kapelle mit ihrem in der Mitte eingeknickten Satteldach und der darunter befindlichen Gruft, der Grablege der bedeutenden Patrizierfamilie. Die 1447 von Hans Roth gestiftete Privatkapelle wurde von Matthäus Ensinger, Ulrich von Ensingens Sohn, erbaut. Heute zeugen nur noch wenige bescheidene Überreste von der Existenz des Baus, der sich einst zwischen die Strebepfeiler schmiegte. Bereits 1817 zeigte sich die Roth'sche Kapelle so baufällig, dass sie »ohne Weiteres abgebrochen, das h. Grab hiebei verschleudert samt den Grabdenkmälern.«(1)

Das zweite Joch von Osten beheimatet das als Brautportal bezeichnete Südostportal aus der Zeit um 1360. Es stammt von der alten Pfarrkirche »über Feld«, von der etliche Teile beim Bau des Münsters wiederverwendet wurden, wie Felix Fabri um 1488 zu berichten weiß: »Im Jahre des Herrn 1377 lösten die Ulmer die alte Pfarrkirche zu Allerheiligen auf und trugen alles auf ihren Schultern in die Stadt an den

Links: Zug der Heiligen Drei Könige im Tympanon des großen Marienportals an der Südseite.
Rechts: Lisenen, Blendmaßwerk und ein Treppenaufgang gliedern die Außenfassade des Südturms.

Ort, der für den Bau der Kirche vorgesehen war.«(2)

Die Reliefdarstellung des Tympanons zeigt das Jüngste Gericht. In der Mitte thront Jesus als Weltenrichter mit dem Schwert. Zu seiner Rechten und Linken knien die beiden Fürbitter Maria und Johannes der Täufer, die Hände zum Gebet erhoben. Die darunter befindliche Ebene zeigt ein dichtes Gedränge von Figuren. In der Mitte erheben sich die Toten aus ihren Gräbern, während Posaunenengel zum Weltgericht blasen. Auf der rechten Seite treibt ein Teufel die von einer mächtigen Kette umfangene Schar der Verdammten in den Höllenschlund. Links warten die Seligen, unter denen sich auffällig viele geistliche und weltliche Würdenträger befinden, auf ihren Einlass in den Himmel. Seine Pforte wird durch einen gotischen Turm symbolisiert, vor dem Petrus mit dem Schlüssel steht.

An der Ostseite der Vorhalle des Brautportals befindet sich die Nachbildung eines Grundsteinlegungsreliefs, das sich von dem im Münsterinneren allerdings in wesentlichen Punkten unterscheidet. Die Ähnlichkeit der Darstellung beschränkt sich auf den Bürgermeister Lutz Krafft, der auf der rechten Seite kniend das Kirchenmodell trägt. Gegenüber befindet sich nicht die Bürgermeistergattin, sondern Maria. Sie sitzt in einem gotischen Stuhl und hält das Jesuskind auf dem Schoß. Der Baumeister Heinrich II. Parler erscheint nicht in dieser Darstellung, dafür eine unbekannte männliche Gestalt im Rücken von Lutz Krafft, die den Bürgermeister zu stützen scheint.

---

(1) Pfleiderer, S. 159.
(2) Fabri, S. 71.

Ein kleines Wappen auf der Südseite des Langhausdaches verkündet das Jahr der Fertigstellung eines der vielen Bauabschnitte.

In der Nacht treten die fein detaillierten Bauformen besonders plastisch hervor, wie hier am Südturm.

DIE OSTSEITE

Der von zwei Türmen flankierte Chor ist der älteste Teil des Münsters und geht zu weiten Teilen auf den ersten Münsterbaumeister Heinrich II. Parler zurück. Dieser hatte den Chor allerdings niedriger geplant, als er uns heute entgegentritt. Seine Aufstockung erfolgte erst unter Ulrich von Ensingen, der damit die Dimensionen des Chors denen des von ihm geplanten steil aufragenden Westturms und des hohen Mittelschiffs anzugleichen suchte.

Die Fialen der Chorpfeiler und die überdachte Chorgalerie gehen allerdings auf Ferdinand Thrän und Ludwig Scheu zurück. Auch die Vollendung der Chortürme, die

Links oben: Auch diese Brüstung am Südturm ist reich an schmückendem Beiwerk. Rechts oben: Steil ragen auch die beiden Chortürme des Münsters empor. Unten: Reich gestaltete Fassade des südlichen Chorturms.

Gerade in der Abenddämmerung erkennt man die filigrane Bauweise der Münstertürme.

Oben: Unweit des südlichen Chorturms befindet sich die Valentinskapelle.
Unten: Elegant schmiegt sich die Bessererkapelle zwischen die Strebepfeiler des Südturms und des Chors.

im Mittelalter nur bis zur Höhe von etwa 32 Metern ausgeführt werden konnten, blieb dem 19. Jahrhundert vorbehalten.

Die acht Chorstrebepfeiler beherbergen überlebensgroße Apostelfiguren mit Spruchbändern aus der Parlerzeit. Die schlanken, weit aufragenden Fialen ihrer Baldachine ragen bis zur Chorgalerie empor.

Am Chor wurden nachträglich zwei Privatkapellen angefügt. Im Norden treten die beiden östlichen Hallen der 1444 gestifteten Neithardtkapelle selbstbewusst und markant hervor. Ursprünglich waren sie unter einem gemeinsamen Pultdach zusammengefasst, das sich wenig harmonisch an die Nordseite des Chors anlehnte. Dieses wurde erst 1872/73 durch die heutigen Satteldächer ersetzt, die sich deutlich freundlicher in den Bau einfügen.

Zwischen die Strebepfeiler des Südturms und des Chors wurde in der ersten Hälfte des 15. Jahrhunderts die elegante Privatkapelle der Familie Besserer eingebaut. Im Äußeren tritt lediglich ihr polygonales Chörlein mit seinen bemerkenswerten Glasmalereien hervor.

Im östlichen Bereich des Münsters, nur wenige Schritte von diesem entfernt, befindet sich eine weitere kleine Privatkapelle. Es handelt sich um die Valentinskapelle, die 1457/58 im Auftrag des Patriziers Heinrich Rembold durch Matthäus Ensinger erbaut wurde. Im Zuge der Reformation verlor sie ihre sakrale Funktion und wurde in der Folgezeit anderweitigen Nutzungen zugeführt. Die über dem Kellergewölbe des Bebenhäuser Pfleghofs errichtete Kapelle diente mit ihrem Keller lange als Schmalzlager, was ihr den despektierlichen Namen »Schmalzhäusle« einbrachte.

1809 ging die nach dem Schutzpatron der Familie Rembold benannte Valentinskapelle in den Besitz eines örtlichen Bierbrauers über. Eduard Mauch, einem der Gründer des »Vereins für Kunst und Alterthum in Ulm und Oberschwaben« und dem Baumeister Ferdinand Thrän ist der 1859 erfolgte Rückkauf und die Sanierung der Kapelle, die heute als russisch-orthodoxe Kirche dient, zu verdanken.

Die über zwei Meter hohe Figur des heiligen Otmar am südöstlichen Pfeiler des Südturms.

DIE NORDSEITE

Die Nordseite des Langhauses ist durch die Gebäude des Münsterbauamts und der Münsterbauhütte nicht durchweg gut einsehbar. Der schmale Hof zwischen den Bauten dient als Lagerplatz für Steinblöcke und Arbeitsmaterialien der Münsterbauhütte und ist daher für die Allgemeinheit nicht frei zugänglich.

Diese Einschränkung betrifft allerdings nur die westliche Hälfte, sodass der Blick auf das Nordostportal ungetrübt bleibt. Sein Reliefschmuck stammt ebenso wie der des Brautportals teilweise von der alten außerhalb der Stadtbefestigung gelegenen Pfarrkirche. Die etwas jüngeren Reliefszenen wurden vermutlich rund zehn Jahre nach der Grundsteinlegung zum Bau des Münsters eingefügt, als das Portal an seinen heutigen Standort gelangte.

Seine ebenso gebräuchliche Bezeichnung Passionsportal leitet sich von der lebhaft bewegten Darstellung der Leidensgeschichte Christi im Tympanon ab. Im Zentrum des oberen Feldes steht die Kreuzigungsgruppe mit Jesus und den beiden Schächern, seitlich davon sieht man die Kreuztragung und die Auferstehung. Auf der kleineren unteren Fläche sind weitere Stationen der Passion Christi dargestellt, die mit Jesu Gebet im Garten Gethsemane beginnen und mit der Dornenkrönung enden.

Die Seitenschiffstrebebögen zeigen liebevoll gestaltete Details.

Auch hier an der Nordseite strebt alles himmelwärts.

Oben: Deutlich überragt das Mittelschiff die tieferliegenden Seitenschiffe. Unten: Im Tympanon des Nordostportals ist die Passion Christi dargestellt.

Das Nordwestportal im achten östlichen Joch stammt von 1356 und ist damit das älteste des Münsters. Die dargestellte Geburt Jesu verzichtet zwar nicht auf die traditionelle Anwesenheit von Ochs und Esel, zeigt ansonsten aber ungewöhnliche Elemente: Maria ruht mit einer Krone auf dem Haupt majestätisch auf einer Liege. Der Jesusknabe befindet sich weder in ihren Armen noch in einer Krippe, sondern auf dem Schoß einer Helferin. Joseph und eine weitere Helferin bereiten währenddessen den Badezuber für den Neugeborenen vor.

Auch im unteren Feld erscheint die gekrönte Maria majestätisch. Sie sitzt auf einem von Löwen getragenen Thron und hält das Jesuskind den Heiligen Drei Königen entgegen, die mit Geschenken und einem kleinen Hund den Weg nach Bethlehem gefunden haben.

DAS MÜNSTER VON INNEN

LICHTDURCHFLUTETER RAUM

Die überwältigende Kühnheit der Ausmaße setzt sich im Innern fort. Himmelwärts strebende Säulen erheben sich elegant in die weite Höhe des gotischen Raums. Auf ihnen ruhen die scheinbar schwerelosen Gewölbe, deren dezente florale Dekoration einen zurückhaltenden farblichen Akzent setzt. In den hohen Fenstern korrespondieren Helligkeit und Schatten. Ihre bunten Scheiben tauchen den Kirchensaal in ein freundliches, warmes Licht.

Die Harmonie der Raummaße zeigt sich mit 124 Metern Länge, 49,5 Metern Breite und 41,6 Metern Höhe in wunderbarer Ausgewogenheit, die auch das Verhältnis zwischen dem schwindelerregend hohen Langhaus und den deutlich niedrigeren Seitenschiffen prägt.

Das Münster war einst mit mehr als fünfzig Altären ausgestattet, die allerdings im Zuge des reformatorischen Bildersturms von 1531 weitgehend verloren gingen. Dadurch konzentriert sich der Blick des Betrachters verstärkt auf die Schönheit der gotischen Architektur. Die Fülle der vorreformatorischen Ausstattung lässt sich dabei kaum noch erahnen.

Die exakte Anzahl der Münsteraltäre konnte bisher nicht mit Sicherheit ermittelt werden. Etwa fünfzig bis sechzig Exemplare befanden sich an den Pfeilern und Wänden des Gotteshauses. Ungefähr die Hälfte von ihnen dürften Privatstiftungen Ulmer Patrizierfamilien gewesen sein. Diese verfügten über jeweils eigene Priester, die dort die Messe lasen.

Im Hinblick auf den bevorstehenden Bildersturm forderte der Ulmer Rat die Be-

Blick durch das Langhaus auf die Orgelempore.

Das Mittelschiff nach Osten mit Blick auf das Wandgemälde des Jüngsten Gerichts über dem Chorbogen.

Das Mittelschiffgewölbe wurde 1471 unter Moritz Ensinger vollendet.

sitzer der Privataltäre auf, ihr Eigentum aus dem Münster zu entfernen. Etliche Altäre wurden in Kirchen und Klöster der Umgebung verbracht und konnten somit der Zerstörung entgehen.

Fast ebenso schwer wiegt der Verlust zahlreicher Fenster aus der Erbauungszeit, die in ihrer überwiegenden Mehrheit farbig verglast gewesen sein dürften. Im Lauf der Jahrhunderte dezimierten Gewitter, Unfälle und unsachgemäße Behandlung ihren Bestand. Erst das 19. Jahrhundert brachte neue Impulse für die Glasmalerei, der über lange Zeit hinweg nur noch wenig Bedeutung beigemessen worden war. Zwischen 1878 und 1913 erhielt das Münster 28 neue farbverglaste Scheiben im Stil des Historismus, die jedoch 1944 bei einem Luftangriff zerstört wurden. In der Nachkriegszeit traten an ihre Stelle Neuverglasungen, deren jüngste Exemplare erst 2001 entstanden.

Im Gegensatz zu den Altären und Fenstern konnten die Totenschilde des Münsters alle Widrigkeiten ohne gravierende Verluste überdauern. Gleichwohl musste auch ihr Bestand im Lauf der Zeit eine nicht unbeträchtliche Dezimierung erfahren.

Das Vorrecht, Totenschilde im Ulmer Münster aufzuhängen, war allerdings nicht jedem Stadtbewohner gegeben, sondern beschränkte sich auf bedeutende Personen, insbesondere Adelige und Patrizier.

Im Lauf der Zeit unterlag die Platzierung der Totenschilde diversen Veränderun-

gen. Nicht wenige von ihnen wurden nachträglich nach Familienzugehörigkeit sortiert und in dieser Formation an einem neuen Standort angebracht.

In der Gestaltung der Totenschilde manifestiert sich auch der »Zeitgeist« verschiedener Epochen. Ihre ältesten Vertreter präsentieren sich zumeist als einfache farbige Holztafeln, deren Inschrift sich auf die Nennung des Namens des Verstorbenen und seines Todeszeitpunktes beschränkt. In der Folgezeit wurde die Formgebung zusehends üppiger und gipfelte im Zeitalter der Renaissance in der Anfertigung von runden Totenschilden mit teilweise plastischen Hervorhebungen. Das gesteigerte Repräsentationsbedürfnis des Barock führte sowohl zu einer deutlichen Erweiterung der Gedenkinschriften als auch zu einem neuen Höhepunkt in der vielfältigen Ausstattung der Totenschilde. Sie zeigen nun verstärkt reich bewegte, teilweise fast verspielte Elemente und anmutigen Figurenschmuck. Gleichzeitig betonen die Inschriften die hohe Stellung des Verblichenen, dessen zumeist zahlreiche Ämter detailliert verzeichnet werden.

Das 18. Jahrhundert kehrte zu einer schlichteren Formensprache zurück, die gleichzeitig neue Gestaltungselemente mit sich brachte. Nun traten vermehrt vergoldete Metallschilde in Erscheinung, die mit auf die Wand gemalten farbigen Baldachinen umrahmt wurden.

Über den Wänden des Mittelschiffs erheben sich die Obergaden.

DAS LANGHAUS

Links: Das Fenster der Schmiedezunft im Obergaden mit Reichsadler, Hammer, Zange und blauer Schlange. Rechts: Ein Fenster im Obergaden wurde von der Zunft der Schneider und Tuchmacher gestiftet.

Hoch über den Arkaden erheben sich die Obergadenfenster, durch die das Mittelschiff reichlich Tageslicht erhält. Die Mehrheit der Fenster ist farblos verglast. Lediglich die vier Zunftfenster sind durch bunte Darstellungen bereichert, die auf die jeweiligen Stifter verweisen. Nur eines davon, das der Schmiedezunft, befindet sich an der Südseite. Es präsentiert die Schmiedewerkzeuge Hammer und Zange sowie eine Schlange, die hier als Symbol des heiligen Patricius, des Patrons der Schmiede, auftaucht. Die drei gegenüberliegenden Fenster wurden von den Zünften der Schmiede, der Schneider und Tuchscherer sowie der Fischer gestiftet. Das hohe Gewölbe zeigt nur wenige schmückende Elemente: zarte Pflanzenmalereien und die vier Evangelisten Matthäus, Markus, Lukas und Johannes.

Blickt man vom Chor durch das Mittelschiff zur Orgelempore, richtet sich der Blick unmittelbar auf eine riesige Statue aus Bronze, die dort im Durchgang zur Turmhalle hängt. Mit weit ausgebreiteten Flügeln und hoch erhobenem Schwert tritt uns hier der Erzengel Michael ausgesprochen kämpferisch entgegen.

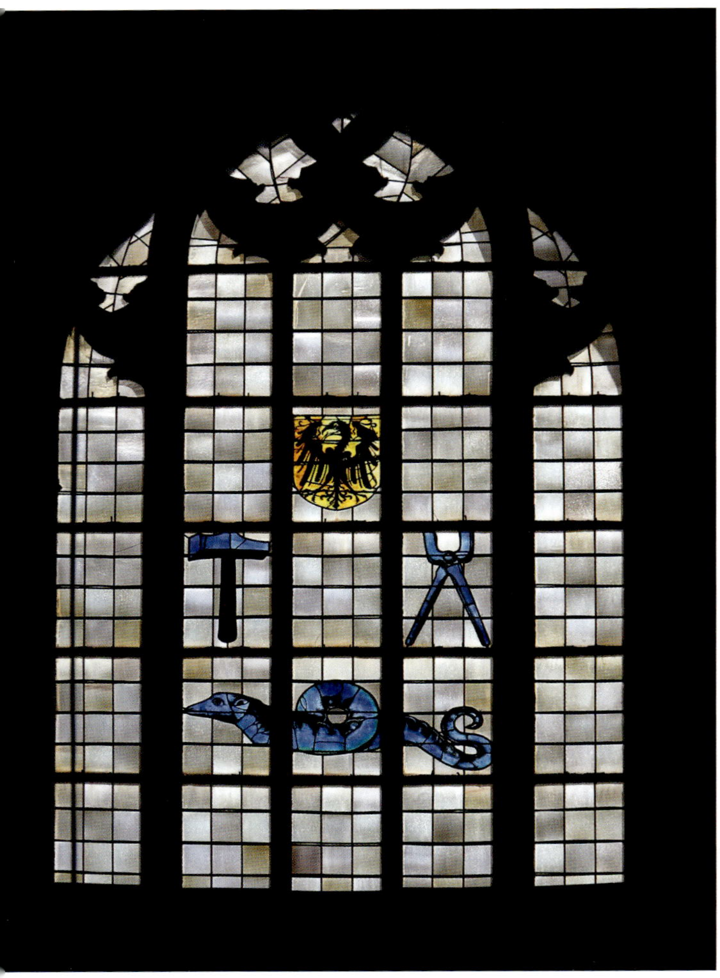

Links: Der Erzengel Michael im Emporenbogen. Rechts: Detail im Gewölbe des Mittelschiffs.

Gegen den erbitterten Widerstand des Kirchengemeinderats, der die martialische Darstellung entschieden ablehnte, wurde die dominante Engelsgestalt 1934 auf Druck der Nationalsozialisten im Durchgang zur Turmhalle angebracht.

Bis heute ist die sechs Meter hohe, von dem Bildhauer Ulfert Jansen angefertigte Figur umstritten. Ihre markig zur Schau gestellte Wehrhaftigkeit scheint in einem Gotteshaus wenig angebracht. Daher gab es im Lauf der Zeit immer wieder Bestrebungen, den Erzengel zu entfernen. Damit einher gingen Überlegungen, die Ehren- in eine Friedenshalle umzuwidmen und damit zu einer Gedenkstätte für alle Opfer des Krieges zu machen. Letztendlich blieb jedoch alles unverändert.

Die Turmhalle wird weiterhin von Regimentsfahnen und -schilden dominiert, die an die gefallenen Soldaten des Ersten Weltkrieges erinnern. Sie gemahnen gleichzeitig an Ulms einstige Funktion als Garnisonsstadt durch den 1842 bis 1859 erfolgten Bau der Bundesfestung.

Über der Turmhalle erhebt sich der 51 500 Tonnen schwere Westturm, dessen Spitze 161,53 oberhalb des mittigen, sternförmigen Bodenmosaiks angesiedelt ist. Blickt man von dieser Stelle aus nach oben, entdeckt man eine runde Öffnung im Gewölbe. Durch diese wurden die Glocken in den darüber befindlichen Glockenstuhl gezogen.

Die Orgelempore wurde erst 1880 eingebaut. Sie beherbergt die Hauptorgel des Münsters, die mit ihren 95 Registern und annähernd 9000 Pfeifen zu den bedeutendsten in Europa zählt. Das Instrument wurde 1969 von der Firma Waldecker angefertigt.

Das Passionsfenster über dem Westportal geht überwiegend auf die mittelalterliche Bauzeit des Münsters zurück. Ein

Die große Hauptorgel des Münsters zählt zu den bedeutendsten Orgeln Europas.

Großteil der Scheiben entstand um 1440 in der Werkstatt Hans Ackers. Einige Ergänzungen von 1952 stammen von dem Glasmaler Rudolf Yelin.

Im Maßwerk der beiden Fensterbögen treten uns die vier Evangelisten Matthäus, Markus, Lukas und Johannes mit ihren Symbolen Engel, Löwe, Stier und Adler entgegen. Darunter folgen die Stationen der Passion, die in der untersten Reihe von Wappenscheiben der Stifter und zwei Heiligenscheiben, die nicht zum ursprünglichen Bestand zählen, begleitet werden.

Das große Westfenster ist dem heiligen Martin, einem der Kirchenpatrone des Ulmer Münsters, gewidmet. Die heutige Verglasung geht auf Gottfried von Stockhausen zurück und wurde 1963 angefertigt. Ihr 1895 geschaffener Vorgänger wurde bei einem schweren Luftangriff auf Ulm 1944 zerstört. Das ursprüngliche Martinsfenster fiel 1688 einem heftigen Gewitter zum Opfer.

DIE LANGHAUSPFEILER

Massive Pfeiler trennen das Langhaus von den Seitenschiffen. Sie gehen ebenso wie die meisten Pfeilerkonsolen auf die Parlerzeit zurück. Die Baldachine und der Figurenschmuck entstanden dagegen erst wesentlich später.

Die ursprünglichen Pfeilerplastiken gingen durch den reformatorischen Bildersturm 1531 verloren und wurden erst nach der Vollendung des Westturms durch neue ersetzt. Bereits 1877 war ein entsprechendes »Bildprogramm« entworfen worden, das 1895 bis 1912 zu weiten Teilen umgesetzt wurde. Verschiedene Institutionen und Personen übernahmen die Stiftung der neuen Figuren, die ebenso wie ihre Vorgänger sowohl an den Pfeilerseiten zum Mittelschiff als auch an denen zu den Seitenschiffen angebracht wurden.

An den Pfeilerflanken gegen die nördlichen Seitenschiffe finden sich die Statuen weltlicher Herrscher: Karl der Große, »Ulms Wiedererbauer« König Konrad III., Rudolf von Habsburg, Herzog Christoph von Württemberg und König Gustav Adolf von Schweden. In ihren Reihen steht der mehrmalige Ulmer Bürgermeister Bernhard Besserer, der als kluger Vermittler in der Zeit der Reformationseinführung hervortrat.

Die Mittelschiffseite ist Aposteln und den Propheten Jesaja, Ezechiel, Daniel und Jeremia vorbehalten. Anlässlich des 500-Jahr-Feier des Münsters stiftete die israelische Gemeinde von Ulm die Plastik des Propheten Jeremia, die allerdings erst 1898 gefertigt und angebracht wurde.

Die zum Südschiff gewandten Skulpturen präsentieren Männer, die in besonderer Weise mit der evangelischen Kirche verbunden waren: der Theologe und Waisenhausgründer August Hermann Franke mit einem Kind an der Hand, der große Komponist protestantischer Kirchenmusik Johann Sebastian Bach, der Theologe und Kirchenliederdichter Paul Gerhard, der Münsterprediger der Reformation Konrad Dieterich, der Ulmer Patrizier Hans von Schad und Martin Luther. Ulrich von Ensingen, der hundert Jahre vor der Reformation starb, erscheint in dieser Reihe als einer der Baumeister des nunmehr evangelischen Münsters.

Die überlebensgroßen Sandsteinfiguren gehen bis auf die des Baumeisters Ulrich von Ensingen auf den Ulmer Bildhauer des Historismus Karl Wilhelm Christian Federlin zurück. Die Werkstatt des späteren württembergischen Hofbildhauers war auch an der Anfertigung der Skulpturen für die Außenfassade beteiligt.

Besondere Beachtung verdienen die liebevoll ausgearbeiteten Pfeilerkonsolen, von denen 28 noch aus der Zeit der Parler stammen. Es handelt sich um kleine, detailreiche Kunstwerke von hoher Qualität, die angesichts der überwältigenden Weitläufigkeit des Münsters leicht übersehen werden können.

Die Bildhauer, auf die die Konsolen zurückgehen, sind namentlich nicht bekannt.

Figur des Evangelisten Johannes an einem Mittelschiffpfeiler. Dahinter das Fenster »Versöhnte Gemeinschaft«.

Die Pfeilerfiguren gegen das nördliche Seitenschiff stellen weltliche Herrscher dar.

Zwei der Künstler haben ihre Werke jedoch mit ihren jeweiligen Zeichen versehen, sodass man ihnen einige Arbeiten zuordnen kann. Der eine benutzte den Buchstaben »N« beziehungsweise »Z« zur Kennzeichnung, der andere ein Paar gekreuzte Reißnadeln, die zum Aufreißen der Profile auf den Werkstücken dienten.

Aus diesem Grund wird der Letztere als »Reißnadelmeister« bezeichnet. Wobei stilistische Gründe für die Vermutung sprechen, dass er zusammen mit dem dritten Münsterbaumeister Heinrich III. Parler aus Prag nach Ulm kam.

Unter den sieben Konsolen des Langhauses, die die Signatur des Reißnadelmeisters zeigen, treten ganz besonders die beiden östlich der Kanzel gelegenen hervor. Die so genannte Engelskonsole, über der sich die Statue des heiligen Andreas erhebt, präsentiert unter reichem Laubwerk zwei musizierende Engelsfiguren mit Laute und Viola. Bei der benachbarten Konsole zeigt sich das Blattwerk nochmals bewegter und filigraner. Es wächst aus der Krone einer zarten Frauenbüste hervor und breitet sich anmutig nach oben aus.

An den Westflanken einiger Mittelschiffpfeiler haben sich Malereien erhalten, die wohl einst zu Altären gehörten. Recht gut erkennbar ist die Darstellung des Martyriums des heiligen Leodegar, die um 1420/30 entstand. Der Bischof von Autun wurde mit einem Bohrer geblendet, seiner Zunge beraubt und schließlich enthauptet.

Die darunterliegende Szene, die auf dieselbe Entstehungszeit zurückgeht, zeigt ein nicht minder grausames Martyrium. Dargestellt ist der heilige Erasmus, dem die Gedärme mit einer Seilwinde entfernt werden.

Links und rechts: Diese beiden kunstvollen Konsolen des Reißnadelmeisters verdienen besondere Beachtung. Sie zeigen Engel mit zeittypischen Instrumenten.

Dieser Teil seiner legendären Vita scheint auf einem Missverständnis zu beruhen. Denn der Bischof von Antiochia wurde als Patron der Seeleute und Schiffer häufig mit einer Seilwinde dargestellt. Spätere Generationen haben diese wohl irrtümlich als Folterwerkzeug interpretiert.

In wesentlich schlechterem Zustand zeigt sich das Gemälde am südlichen Chorpfeiler. Das »Leonhardbild« präsentiert oben links einen Gefangenen hinter Gittern. Im Vordergrund ist ein Mann zu sehen, dessen Beine in einem Schandblock stecken. Seine Hände sind gefaltet, während sich sein flehender Blick auf eine heute nicht mehr erkennbare Gestalt richtet. Der heilige Leonhard, der hier wohl einst dargestellt war, gilt als Fürsprecher der Gefangenen, deren Ketten durch seine Gebete zersprungen sein sollen.

Auch die massiven Langhauspfeiler sind mit einer Fülle von Totenschilden aus verschiedenen Epochen geschmückt. Das jüngste Exemplar findet sich am vierten Südpfeiler von Osten. Die längliche, vergoldete Metalltafel ist seitlich von hohen schlanken Säulen umgeben. Die außergewöhnlich ausführliche Inschrift gedenkt nicht nur des 1729 verstorbenen Raimund Krafft von Dellmensingen, sondern auch seiner Angehörigen. Der erst 1778 gestiftete Totenschild verzichtet zwar nicht auf die übliche Hervorhebung der Bedeutung des Verstorbenen, betont aber gleichzeitig explizit seine menschlichen Qualitäten als »der zärtlichste und treuste Gatte, der liebevollste Vater seiner Kinder«.

Ein auf die Ostflanke des Pfeilers gemalter rot-weißer Baldachin mit goldenen Verzierungen umfängt die Gedenktafel, die von

Links: Die Pfeilermalerei stellt das Martyrium der Heiligen Leodegar und Erasmus dar. Rechts: Almosenbild von Ulmer Patriziern.

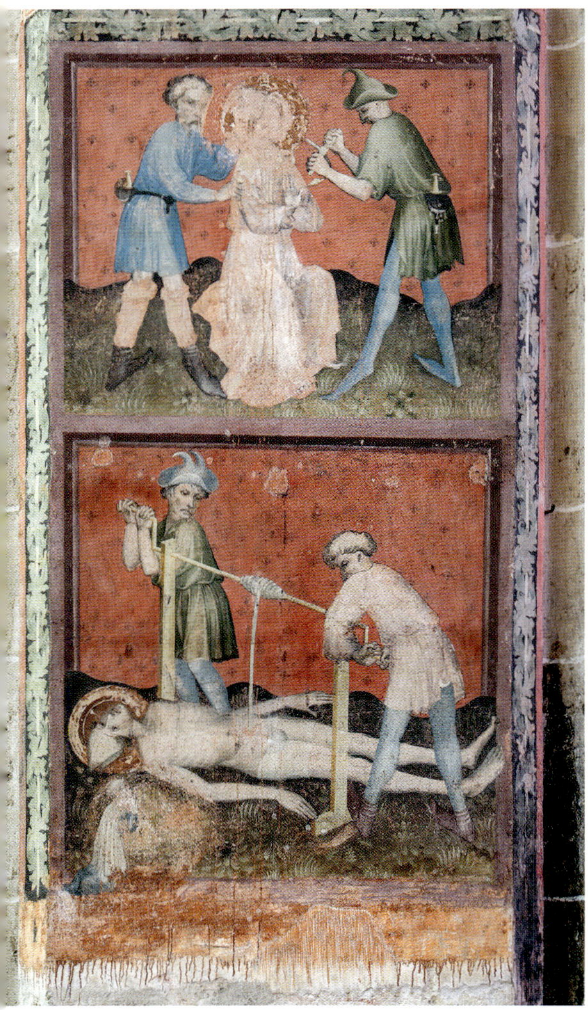

Raimund Kraffts jüngster Tochter Eusebia Christina gestiftet wurde.

Almosenkästen und Almosenbilder aus der Mitte des 16. Jahrhunderts erinnern an das soziale Engagement der Ulmer Bürger, die mit ihren Spenden zahlreiche karitative Einrichtungen unterstützten. Eine der Gemäldetafeln an der Westseite der östlichen Mittelschiffpfeiler trägt an ihrem unteren Rand die Inschrift: »Gebtt umb gottes willen haus armen leutten.« Dargestellt sind in Lumpen gehüllte Bedürftige und Kranke mit Krücken, die von Ulmer Patriziern mit Zuwendungen bedacht werden.

DAS GRUNDSTEINLEGUNGSRELIEF

Felix Fabri schildert in seinem »Tractatus de civitate Ulmensi« detailliert die Grundsteinlegung zum Bau des Ulmer Münsters: »Im genannten Jahr also, als der letzte Tag im Monat Juni anbrach und der ganze Klerus und alles Volk auf dem Bauplatz versammelt war, waren alle Vorbereitungen getroffen, feierlich den ersten Grundstein zu legen. Mit Zustimmung des Rats stieg der edle Herr Ludwig Krafft, der damals das Bürgermeisteramt inne hatte, mit einigen vornehmen Herren in den tiefen Graben beim Fundament.«[1] Dabei versäumt Fabri nicht, uns auch über die Tageszeit in Kenntnis zu setzen, nämlich »zur dritten Tagesstunde«.[2]

Felix Fabri war allerdings kein Zeitzeuge der Grundsteinlegung. Seinen Bericht verfasste er erst hundert Jahre nach dem großen Ereignis. Gleichwohl stimmt seine Aussage in den entscheidenden Punkten mit dem überein, was die Inschrift des Gründungsreliefs, das vermutlich noch zu Lebzeiten des Baumeisters Heinrich II. Parler entstand, vermerkt. Auch hier wird ausdrücklich »der lest tag« des Juni »nach der sunen ufgang dri stund« benannt und gleichzeitig durch den Zusatz »a de zinstag«, also am Dienstag, konkretisiert.

Das Denkmal der Grundsteinlegung am dritten südlichen Langhauspfeiler von Osten.

Das Denkmal der Grundsteinlegung, das wohl erst unter dem Nachfolger Heinrichs II., Michael Parler, an seinen heutigen Platz gelangte, befindet sich in etwa 2,50 Metern Höhe am dritten südlichen Langhauspfeiler von Osten. Unter der ausführlichen Inschrift sind der Bürgermeister Lutz Krafft und seine erste Gemahlin Elisabeth dargestellt. Das kniende Ehepaar hält ein Modell der Kirche in den Händen, das auf dem Rücken eines gebeugten Mannes ruht, was man dahingehend interpretieren könnte, dass dem Gebeugten die Last des Baus aufgebürdet wird.

Der dunkel gekleidete Mann findet in der Inschrift des Grundsteinlegungsreliefs keine namentliche Erwähnung. Gleichwohl lässt sich mit fast absoluter Sicherheit sagen, dass es sich um Heinrich II. Parler handelt. Von ihm stammte der erste Plan zum Bau des Münsters, der eine Hallenkirche vorsah. Dementsprechend ist auch das Modell in den Händen des Bürgermeisterpaars nicht als die heutige Basilika, sondern als die ursprünglich geplante Hallenkirche dargestellt.

Im Rücken der rot gekleideten Elisabeth erinnert eine farbige Wappendarstellung an ihre vornehme Herkunft: Die gekreuzten goldenen Heulicheln auf rotem Grund weisen sie als geborene Ehinger aus. Auch ihr Ehemann Lutz ist mit seinem Wappen dargestellt, einem breiten gelben Querbalken auf rotem Grund.

Das Denkmal der Grundsteinlegung erhebt sich über reich mit goldenem Blattwerk verzierten Konsolen. Die Außenseiten werden von schlanken, hoch aufstrebenden Fialen begrenzt, die in einem mit Krabben verzierten, schwungvollen Spitzbogen münden. An dessen Ecken erwachsen abermals Fialen, in deren Mitte eine zarte Kreuzblume thront.

Das Relief besteht aus zwei in sich abgeschlossenen Szenen. In der unteren ist die Grundsteinlegung mit der zugehörigen Inschrift zu sehen. Darüber befindet sich eine Kreuzigungsgruppe, die allerdings nur zu geringen Teilen auf die Entstehungszeit des Grundsteinlegungsdenkmals zurückgeht. Das Originalbild fiel dem Bildersturm zum Opfer. An seine Stelle trat im 19. Jahrhundert die heutige Figurengruppe mit dem gekreuzigten Jesus, Maria und Johannes.

---

(1) Fabri, S. 73.
(2) ebd.

DIE KANZEL

Die Kanzel am siebten östlichen Mittelschiffpfeiler der Nordseite geht auf mehrere Epochen zurück. Von der ursprünglichen Kanzel aus dem 14. Jahrhundert blieb lediglich die Brüstung erhalten. Ihre Signatur stammt vom »Reißnadelmeister«, der wohl zusammen mit Heinrich III. Parler aus Prag nach Ulm kam. Damit dürfte ihre Entstehungszeit um 1390/91 anzusiedeln sein.

Der Treppenaufgang und die kräftige Trägerkonsole, die die sechseckige Kanzel trägt, sind gut hundert Jahre jünger. Sie entstanden 1498/99 in Burkhart Engelbergs Augsburger Werkstatt. Die Neuanfertigung war seinerzeit erforderlich, da einige der Westpfeiler, darunter auch der Kanzelpfeiler, so starke Beschädigungen aufwiesen, dass ihr Ersatz unumgänglich wurde.

Die Reliefs der Kanzel sind eine Schöpfung der Neuzeit. Die Originale fielen dem Bildersturm von 1531 zum Opfer. In der Folgezeit blieben die ihres figürlichen Schmucks beraubten Felder lange von Holzplatten überdeckt. Erst 1937 erhielten sie durch den Ulmer Künstler Martin Scheible neue Reliefdarstellungen.

Ein Meisterwerk der Schnitzkunst stellt der Kanzeldeckel von Jörg Syrlin d. J. aus dem Jahr 1510 dar. Über drei reich ornamentierten Konsolen erhebt sich kühn und scheinbar schwerelos der himmelwärts strebende Aufbau aus Lindenholz, der über den Scheitel des Arkadenbogens hinausreicht. Feingliedrige Fialen betonen den vertikalen Charakter. In ihrer Mitte windet sich eine zarte kleine Wendeltreppe, die zu einer fi-

Links oben: Die Kanzel geht auf mehrere Epochen zurück. Rechts oben: Die Reliefs der Kanzel stammen von 1937.
Unten: Der Kanzeldeckel ist ein Meisterwerk der Schnitzkunst.

ligranen Miniaturkanzel führt. Sie steht symbolisch für den unsichtbaren göttlichen Prediger, der seinen Platz weit über dem menschlichen einnimmt.

DER CHORBOGEN UND DAS WELTGERICHT

An der Ostwand des Mittelschiffs befindet sich das wohl größte mittelalterliche Fresko nördlich der Alpen. Es breitet sich auf einer Fläche von 145 Quadratmetern über dem Chorbogen aus und setzt sich an seinen seitlichen Flanken nach unten hin bis zu den Kapitellen der Chorpfeiler fort.

Am Chorbogenscheitel schweben zwei plastisch ausgearbeitete Engelsfiguren, die auf die letzten Jahre des 14. Jahrhunderts zurückgehen. Die linke hält einen Hammer empor, die rechte eine Zange. Die Krone, die sie gemeinsam präsentieren, befindet sich exakt am Scheitelpunkt des Chores, unter dem ein mächtiges Kruzifix hängt.

Das riesige Wandgemälde des Jüngsten Gerichts, das laut Inschrift 1471 entstand, geht auf den Ulmer Maler Hans Schüchlin, den Schwiegervater Bartholomäus Zeitbloms, zurück. Betritt man das Langhaus von Westen, richtet sich der Blick unmittelbar auf das großflächige Werk, dessen Inhalt sich allerdings dem flüchtigen Betrachter aufgrund der enormen Höhe zwangsläufig nicht auf den ersten Blick erschließt. Die bis zu 3,50 Meter großen Figuren sind in liebevoller Detailgenauigkeit ausgearbeitet. Das Bildprogramm folgt weitgehend der traditionellen mittelalterlichen Darstellungsweise. In der oberen Mitte thront Jesus in der Mandorla. Als Weltenrichter erhebt er die rechte Hand segnend über die Gerechten, während seine linke den Frevlern den Weg in die Verdammnis weist. Zu seinen Füßen knien betend die Fürbitter Maria und Johannes. An ihrer Seite erscheinen die zwölf Apostel, die anhand ihrer jeweiligen Attribute erkennbar sind. Im äußeren Bereich präsentieren sich auf der leicht nach unten abgeschrägten Linie in dichter Szene Propheten und Patriarchen des Alten Bundes.

Über dem Chorscheitelpunkt erscheinen sieben heilige Jungfrauen, in deren Zentrum die heilige Agnes mit dem Lamm steht. Aufgrund ihrer Symbole erkennt man in den beidseitig von Agnes angeordneten Per-

Links: Engel blasen mit Posaunen zum Gericht. Rechts: Das Wandgemälde des Jüngsten Gerichts über dem Chorbogen.

Kruzifix am Chorbogen.

sonen die Heiligen Barbara, Ursula, Dorothea und Katharina.

Im Folgenden teilt sich die Darstellung sowohl inhaltlich als auch architektonisch. Der Tradition folgend sind auf der vom Betrachter aus gesehen linken Seite die Seligen, auf der rechten die Verdammten dargestellt, während Engel mit Posaunen zum Gericht blasen.

Andächtig betend warten die Gerechten diszipliniert auf ihren Einlass ins Himmelreich, in das sie durch einen schmalen Treppenturm gelangen, an dessen Pforte sie von Petrus begrüßt werden. Der wohlgeordneten Warteschlange auf der linken Seite steht auf der rechten ein kaum entwirrbares Durcheinander aus Teufeln und Verdammten gegenüber. Unerbittlich werden die Sünder, unter denen sich auch geistliche Würdenträger befinden, in den Höllenschlund getrieben. Ihre Laster und Verfehlungen werden anschaulich präsentiert. Becher und Würfel begleiten den Absturz der Spieler, ein Salbentopf symbolisiert die Eitelkeit, eine »falsche« Waage den Betrug und ein Teller mit Schweinskopf die Völlerei. Zu den Verdammten zählen auch die »Heiden«, also alle Andersgläubigen, wie Juden, Muslime und Häretiker.

Anlässlich des 300. Reformationsjubiläums wurden Wände, Säulen und Pfeiler »mit einer angenehmen alterthümlich grauen Farbe überzogen«.[1] Vor der Übermalung mit Kalkschlämmen blieb auch das Weltgerichtsfresko nicht verschont, wobei die Abdeckung zeitgenössischen Chronisten zufolge nicht gänzlich blickdicht war.

Die Übertünchung des Innenraums blieb nicht von langer Dauer. Im Zuge der Festveranstaltungen zum Münsterjubiläum 1877 erfolgten umfangreiche Renovierungen, mit denen die Entfernung der grauen Farbe einherging. Nach Abnahme der Kalkschlämme im Herbst/Winter 1879/80 zeigte sich das Weltgerichtsgemälde in recht gutem Erhaltungszustand. Es folgte die Wiederherstellung durch den Münchner Historienmaler Leopold Weinmayer im Sommer 1880. Prälat Heinrich von Merz beschreibt 1883 anschaulich die schwierige und gefährliche Arbeit des Restaurators: »Am frühen Morgen ließ sich Weinmayer ›in Gottes Namen‹ Tag für Tag mit Schiff und Geschirr in die schwindelerregende Höhe hinaufziehen und arbeitete dort auf schwanker, von einem steilen Seile gehaltener und fest umborderter Fähre ganz allein zwischen Himmel und Erde schwebend.«[2]

---

(1) Dieterich, S. 70.
(2) Zit. nach Fink, S. 68.

Steil strebt die Spitze des Sakramentshauses in die Höhe.

DAS SAKRAMENTSHAUS UND DER KREUZALTAR

An der linken Seite des Chorbogens steht das in Überfülle ausgeschmückte Sakramentshaus, das in vorreformatorischer Zeit als Aufbewahrungsort der Hostien diente. Steil strebt seine Spitze in die Höhe. Seine abschließende Fiale reicht bis zu den Aposteln des Weltgerichtsgemäldes. Mit 26 Metern Höhe ist es das höchste Sakramentshaus in Deutschland.

Ein Vorgänger des heutigen Sakramentshauses wurde bereits 1420 erwähnt. Die benachbarte Kniefigur des Ulmer Patriziers Johannes Ehinger legt den Verdacht nahe, dass es von ihm gestiftet wurde. Felix Fabris Bericht zufolge war der 1381 verstorbene Johannes Ehinger, genannt Habfast, an der Grundsteinlegung des Münsters beteiligt. Seine Skulptur befindet sich auf einer reich geschmückten Konsole am Choreingang. Der bärtige Patrizier hat die Hände zum Gebet erhoben. Sein Blick richtet sich auf das Sakramentshaus, das in seiner heutigen Form teilweise zwischen 1467 und 1471 entstand.

Das Ulmer Wappen unterhalb des Gehäuses betont die federführende Rolle, die der Stadt bei seiner Stiftung zukam.

Zwei geschwungene Freitreppen führen zum rechteckigen Gehäuse, in dem die Hostien ihren Platz hatten. Es lohnt sich, den Handläufen Beachtung zu schenken, denn in ihnen verbergen sich liebevoll verspielte kleine Figürchen, so genannte Drolerien, in Form von Fabelwesen und schlafenden Geistlichen.

Zu beiden Seiten stützen Statuen den Treppenaufbau, auf der linken der »Pestheilige« Sebastian, rechts der heilige Christophorus, der den Jesusknaben auf seiner kräftigen Schulter trägt.

Das hoch aufragende Gesprenge ist auf mehrere Ebenen verteilt mit plastischem Bildwerk versetzt. Aufgrund der enormen Höhe und der umgebenden Zierarchitektur

bleiben die Figuren dem Auge des flüchtigen Betrachters weitgehend verborgen.

Der hohe Aufbau des Sakramentshauses beherbergt insgesamt elf Plastiken. Der Zyklus beginnt im unteren Bereich mit drei aus Stein gefertigten Figuren. David und der gehörnte Moses lassen sich zweifelsfrei erkennen. Fraglich bleibt allerdings, welchen Propheten die dritte Statue verkörpert.

In den folgenden Geschossen schließen sich acht alttestamentarische Persönlichkeiten an, die aus Weide und Lindenholz geschnitzt wurden. Es ist anzunehmen, dass sie auf zwei verschiedene namentlich nicht bekannte Künstler zurückgehen, wenngleich die kunsthistorische Forschung ihre Zuordnung bisher noch nicht mit letzter Sicherheit klären konnte. Spätere Ergänzungen und Restaurierungen, die aus heutiger Sicht als nicht unbedingt sachgerecht betrachtet werden müssen, erschweren zudem die Suche nach stilistischen Zusammenhängen zu anderen Ulmer Plastiken jener Zeit.

Gleichwohl darf man die Statuen von Melchisedek, Elias, Salomon, Tobias und Jesus Sirach nach heutigem Wissen einem Künstler zuschreiben, der durch seine Tätigkeit am Tiefenbronner Altar hervorgetreten ist. Da er namentlich nicht bekannt ist, wird er in der kunsthistorischen Literatur gemeinhin als »Tiefenbronner Meister« erwähnt. Seine Arbeiten am Sakramentshaus des Münsters zeichnen sich vor allem durch ihre lebensnahe und detailgetreue Gestal-

Links: Kniefigur des Ulmer Patriziers Johannes Ehinger neben dem Sakramentshaus. Rechts: Fabelwesen bevölkern die Handläufe der Freitreppen des Sakramentshauses.

Oben: Die Plastiken der Propheten Malachias, Nehemia, Salomon und Jesus Sirach im Gesprenge.
Unten: Abendmahlsbild von Hans Schäufelin am Kreuzaltar.

tung aus. Mimik, Haartracht und Bärte sind ebenso liebevoll ausgearbeitet wie die faltenreichen Gewänder und die schwungvoll ausgebreiteten Spruchbänder in den feingliedrigen Händen der Propheten.

Dieser Figurenzyklus stammt ebenso wie die zweite Gruppe aus der Zeit um 1470. Dennoch sind auch für den kunsthistorisch nicht versierten Betrachter deutliche stilistische Unterschiede zu erkennen. Der anonyme Künstler, auf den die Propheten Malachias, Nehemia und Jeremia zurückgehen, wird als »Heggbacher Meister« bezeichnet, da er vermutlich mit jenem Künstler identisch ist, der die »Heggbacher Madonna« für die gleichnamige oberschwäbische Reichsabtei geschaffen hat. Die Frage, ob es sich bei diesem Meister um Jörg Syrlin d. Ä. handelt, wird in Fachkreisen kontrovers diskutiert.

Während des Zweiten Weltkrieges war das Sakramentshaus eingemauert. So geschützt konnte es die schweren Luftangriffe überstehen, die weite Teile der Ulmer Altstadt in Schutt und Asche legten.

Ein filigranes Chorgitter grenzt das hohe Langhaus vom wesentlich niedrigeren Chorraum ab. In seiner Mitte befindet sich der Kreuzaltar, dessen Errichtung in die Zeit des so genannten Interims fällt. Der katholische Kaiser Karl V. hoffte, die endgültige Glaubensspaltung abwenden zu können. Daher erwirkte er auf dem geharnischten Reichstag 1547/48 in Augsburg eine Religionsordnung, die zwar gewisse Zugeständnisse an die Protestanten vorsah, letztendlich aber zur vorübergehenden Wiedereinführung der katholischen Messe in etlichen reformierten Territorien Süddeutschlands führte.

Auch den Ulmern blieb es nicht erspart, sich dem kaiserlichen Willen zu beugen. Als sich Karl V. am 14. August 1548 in Begleitung von Truppen nach Ulm begab, war dies nicht als Freundschaftsbesuch gedacht. Vielmehr sollte das Interim durchgesetzt werden, wobei der Kaiser nicht davor zurückschreckte, zwei Prädikanten, die sich seinem Anliegen widersetzten, in Ketten abführen zu lassen.

Am 15. August, dem Tag von Mariä Himmelfahrt, besuchte Karl V. das Münster, das seit der Reformation seiner einstigen Altäre beraubt war. »Aus Anlaß des Kaiserbesuchs wurde rasch im Chor wieder ein einfacher Altar, mit schwarzem Samt bedeckt, aufgestellt. Zugleich ward der hölzerne Tisch entfernt, welcher seit der Reformation an der Stelle des alten hohen Kreuzaltars unter dem Triumphbogen als Abendmahlsstätte gedient hatte, und der jetzige Kreuzaltar als ›Seelenaltar‹ (hinter dem Syrlin'schen Dreistuhl) eingesetzt.«(1)

Der anlässlich des Kaiserbesuches etwas überstürzt errichtete Kreuz- oder Seelenaltar birgt ein Abendmahlsbild von 1515. Das Gemälde stammt von dem Nördlinger Maler Hans Schäufelin, einem Schüler Albrecht Dürers. Die Rückseite des Altars wird zum Chorraum hin vom reich geschnitzten Dreisitz begrenzt.

---

(1) Pfleiderer, S. 61.

DER SCHMERZENSMANN

Auf einem Podest an der Südseite des Chorbogens steht die Figur des Schmerzensmannes, ein Frühwerk von Hans Multscher aus dem Jahr 1429. Ihr ursprünglicher Standort befand sich am Mittelpfeiler des Westportals, wo heute eine Kopie den angestammten Platz unter dem Baldachin einnimmt.

Das Original im Münsterinnern ist recht gut erhalten und zeigt nur wenige Verwitterungsspuren. Die Dornen der Krone sind allerdings verloren gegangen. Außerdem waren einige Ergänzungen an Gesicht, Zehen und Mantel vonnöten.

Die lebensgroße Sandsteinskulptur zeigt Jesus als Schmerzensmann. Die linke Hand hat er segnend erhoben. Seine Rechte deutet auf die klaffende Wunde unterhalb der deutlich hervorstehenden Rippen. Hier wurde er durch einen Lanzenstich verletzt.

Das schmale, bärtige Gesicht ist von Schmerzen gezeichnet. Die mageren Beine,

Der Schmerzensmann ist ein Frühwerk von Hans Multscher aus dem Jahr 1429.

an denen die Adern deutlich hervortreten, scheinen kaum in der Lage, den Leidenden zu tragen, dessen Blöße lediglich von einem verknoteten Lendenschurz und einem Umhang, der ihm weit über die Schultern gerutscht ist, bedeckt wird. Gleichzeitig betont der nach vorne gebeugte Oberkörper die Verletzungen des Schmerzensmannes, die sich in seinem ausdrucksstarken Antlitz unter der Last der Dornenkrone widerspiegeln.

DIE SÜDLICHEN SEITENSCHIFFE

Das südliche Seitenschiff erfuhr ebenso wie das nördliche zu Beginn des 16. Jahrhunderts eine Neueinwölbung durch Burkhart Engelberg. Auch hier fangen schlanke Rundpfeiler von anmutiger Eleganz den Druck des massiven Gewölbes auf. Die rhythmische Pfeilergliederung unterteilt das Schiff in zwei Bereiche und schafft gleichzeitig eine Harmonisierung des Raumgefüges.

An der Ostwand erinnern Burkhart Engelbergs Meisterzeichen und die Jahreszahl 1507 an die Vollendung der Neueinwölbung des südlichen Seitenschiffes.

Links unterhalb befindet sich ein hohes, reich gestaltetes Portal, der Eingang zur Konrad-Sam-Kapelle. Ursprünglich existierte an der Südseite des Chors ein weiterer Zugang, der jedoch beim Einbau des Chorgestühls im 15. Jahrhundert zugemauert und verdeckt wurde.

Das Portal an der Ostwand, das in die Konrad-Sam-Kapelle führt, besteht aus zwei unterschiedlichen, ineinandergebauten Portalen, die verschiedenen Epochen entstammen. Die Entstehungszeit des inneren unteren Teils fällt in die erste Hälfte des 14. Jahrhunderts. Es wurde somit einige

Steinernes Maßwerk im Tympanon des Portals der Konrad-Sam-Kapelle.

Links: Blick durch die südlichen Seitenschiffe nach Osten. Rechts: Das Freiheitsfenster über dem einstigen Portal zur Roth'schen Kapelle.

Jahrzehnte vor der Grundsteinlegung des Münsters angefertigt. Mit an Sicherheit grenzender Wahrscheinlichkeit stammt es aus der alten Pfarrkirche »über Feld«, von der einige Teile ins Münster eingebaut wurden.

Das durchaus imposante Portal der wesentlich kleineren Pfarrkirche entsprach jedoch nicht den um ein Vielfaches weitläufigeren Dimensionen des Münsters. Daher erhielt es über seinem mit steinernem Maßwerk versehenen Tympanon ein zweites mächtiges Tympanon, das ein relativ breitbogiger Wimperg bekrönt. Die Anpassung an die veränderten Größenverhältnisse beschränkte sich jedoch nicht nur auf die Höhe. Durch die Verdoppelung der Umrahmungsprofile gewann das Portal zusätzlich an Breite.

Eine weitere optische Verlängerung ergibt sich durch einen auf die Wand gemalten roten Vorhang über dem Portal. Er verläuft zwischen den schlanken, hoch aufragenden Fialen und erhebt sich nochmals rechteckig über der in der Mitte des Wimpergs gelegenen Konsole. Ursprünglich bildete er den Hintergrund für eine hohe Konsolenfigur, die allerdings verloren ging.

Auch das einstige Relief des oberen Bogenfeldes ist nicht mehr vorhanden. Die Darstellung des heiligen Martin, von der heute nur noch wenige Farbreste zeugen, fiel dem Bildersturm von 1531 zum Opfer.

Die reich geschnitzte massive Holztüre des großzügigen Portals blickt auf eine wesentlich jüngere Entstehungszeit zurück. Sie wurde erst 1617/20 geschaffen und ist somit rund dreihundert Jahre jünger als der älteste Teil des Portals.

Neben dem Portal zur Konrad-Sam-Kapelle befinden sich die Reste einer Wandma-

lerei aus der Zeit um 1420/30. Sie gehörte zu einem der fast sechzig Altäre, die das Münster bis zur Reformation beherbergte. Die gemalte Umrahmung des Bildes umfängt eine Kreuzigungsgruppe, von der allerdings nur noch wenige Reste zu erkennen sind: Jesus am Kreuz, ausgestreckte Arme, sein Oberkörper und sein von einem Heiligenschein umgebenen Kopf.

Rudolf Pfleiderers mehr als hundert Jahre alte Münsterbeschreibung gibt uns einen deutlicheren Einblick: »Unten sieht man noch den halben Sonnenball; gegenüber auf der andern Seite muß der Mond gestanden sein. Aus der Seitenwunde (des Gekreuzigten, d. Verf.) rinnen Blutstreifen über den Kreuzesstamm, zu dessen linker Seite sich deutlich ein Schwertgriff mit Ansatz zeigt, welcher also auf Maria deutet, deren Dasein noch ein kleiner blauer Farbfleck von ihrem Mantel weiter unten erweist. Rechts vom Kreuz stand also Johannes.«[1]

Pfleiderers Beschreibung fiel nicht nur wegen der seinerzeit bereits starken Verwitterung des Wandgemäldes bruchstückhaft aus. Sein Blick war ebenso wie der des heutigen Betrachters durch zwei nachträglich in die Wand eingelassene Grabplatten beschränkt, die fast die ganze untere Hälfte der Kreuzigungsgruppe verdecken.

Über der Kreuzigungsgruppe erhebt sich steil ein hoher, flaschenförmiger Rahmen, der lediglich eine rote Wandgrundierung enthält. Diese bildete einst den Hintergrund für eine spätere Erweiterung des zugehörigen Altars, der nachträglich mit einem hoch aufragenden Retabel versehen wurde.

Neben den bereits erwähnten Grabplatten unter der Kreuzigungsgruppe befindet sich in südlicher Richtung eine weitere. Die stilistischen Merkmale verraten unterschiedliche Entstehungszeiten: 1650, 1721 und 1859. Alle drei gehen auf die Patrizierfamilie Schad zurück, über die Felix Fabri im 15. Jahrhundert berichtet: »In alter Zeit aber wohnten sie in der Stadt Waldsee, und da sie über die Maßen fruchtbar waren, verlegten einige ihren Wohnort nach Biberach, und als sie auch dort immer mehr wurden, fingen sie an in Memmingen zu wohnen.«[2]

Schlanke Säulen tragen die Gewölbe der südlichen Seitenschiffe.

Durch die farbigen Fenster sehen die Pfeiler aus wie mit bunten Farbflecken bemalt.

An der Ostwand erinnern mehrere prächtige Totenschilde mit reichem figürlichem Schmuck an das weit verzweigte Geschlecht. Unter ihnen tritt besonders derjenige für Hans Jacob Schad von Mittelbiberach an der Südostecke hervor. Er hebt sich nicht nur durch seine besonders repräsentative Gestaltung von den anderen Totenschilden ab, sondern auch durch die äußerst ungebräuchliche Benennung des Geburtsdatums des Verstorbenen: »Der Frey Reichs Woledelgeboren vnd Hochweise Herr Hans Jacob Schad von Mittelbibrach (…) istzur welt geborn, den 13. Aprilis Ao 1574, vnd von derselben wolseeliglich abgeschiden. den 29. Januarii ao 1653.«

Über der beschwingten Kartusche, deren Inschrift den Zeitpunkt der Geburt und des Ablebens von Hans Jacob Schad von Mittelbiberach festhält, erhebt sich auf einer Konsole ein Tragengel, der das gemehrte Wappen der Familie emporhält. Dieses setzt sich aus dem Stammwappen der Schad, einem schwarzen Adlerrumpf, und der hölzernen Warte von Warthausen zusammen.

Unter dem Totenschild von Hans Jacob Schad von Mittelbiberach befinden sich zwei wesentlich schlichtere und ältere Gedenksteine für Mitglieder der Familie Karg, ein weiterer in der Fensterlaibung. Letzterer erinnert an Hans Karg und seine Frau Anna, geborene von Halle. Der Stein, der vermutlich 1413 angefertigt wurde, trägt beider Wappen: den schreitenden Pfau der von Halle und für die Karg einen bekleideten Arm, dessen Hand einen Pfeil hält.

Fast schon im Verborgenen stößt man an der rechten Seite des Südostportals auf einen unscheinbaren Grabstein. Seine Inschrift ist stark verwittert und teilweise durch Kirchenbänke verstellt. Das Wesentliche lässt sich eben noch entziffern: »Anno 1634 den 7 october (...) seelig entschlaft (...) Juliana Besserer.«

Schräg oberhalb befindet sich ein aufwändig repräsentativ gestalteter Totenschild aus dem Jahr 1716 für Johann Ferdinand Herwart. Den Hintergrund bildet eine Wandmalerei, die einen faltenreichen roten Baldachin mit Goldkrone und goldenen Bordüren zeigt. In seiner Mitte entfaltet der goldene Schild seine ganze Pracht. In seinem Zentrum steht fein plastisch ausgearbeitet das Wappentier der Herwart, eine sitzende Eule. Der Deckelbecher der Besserer erinnert an Johann Ferdinand Herwarts Gattin Katharina Besserer. Nach dem Ableben ihres Mannes gab sie den Totenschild in Auftrag.

Im mittleren Bereich der Südwand trifft man unter dem Freiheitsfenster auf eine niedrige rundbogige Pforte. Ihre seitlichen Säulen tragen Wappenkapitelle mit dem steigenden Einhorn der Ulmer Patrizierfamilie Roth.

Das heute zugemauerte Korbbogenportal führte einst in die Privatkapelle der Roth, die 1817 wegen Baufälligkeit abgerissen werden musste. 1447 wurde die Roth'sche Kapelle durch Hans Roth gestiftet und in der Folgezeit unter dem Münsterbaumeister Matthäus Ensinger außen an der Südmauer des Münsters angebaut.

Im sechsten Joch von Osten war einst ein Altar der Familie Raiser untergebracht, der bereits 1378, ein Jahr nach der Grundsteinlegung des Münsters, gestiftet wurde. Man darf davon ausgehen, dass die Ausführung erst einige Jahre später erfolgte, denn zum Zeitpunkt der Stiftung war der Münsterbau noch nicht so weit gediehen, dass eine Altaraufstellung möglich gewesen wäre.

Die heute noch vorhandene Weiheinschrift benennt als Stifter den Ulmer Arzt Dr. Heinrich Raiser sowie seine Brüder Johannes, Schulmeister in Ulm, und Konrad, Schulmeister im Rottweil. Außer dieser Inschrift blieb lediglich ein zugehöriges farbiges Steinrelief erhalten: die Wurzel Jesse. Die verkürzte Version des Stammbaums Christi verzichtet auf die Darstellung der alttestamentarischen Vorfahren, wie sie im Mittelalter gemeinhin üblich war. Das Steinrelief beschränkt sich vielmehr auf drei Generationen. In der Mitte des unteren Bildrandes sieht man Marias Eltern Anna und Joachim, zu deren Seiten das etwas kleiner dargestellte Stifterpaar betet. Aus den Herzen der Eltern erwachsen zwei kräftige Wurzeln, die sich alsbald zu einem massiven Stamm vereinen. Aus diesem sprießen Rosenzweige hervor, in deren Mitte Maria sitzt. Auch aus ihrem Herzen entspringt eine Wurzel. Diese führt zu Jesus, der von Weinreben umgeben mit einem Kreuz in der Hand das Steinrelief bekrönt.

Das Werk ist allerdings nur noch teilweise in seiner ursprünglichen Version erhalten. Im 20. Jahrhundert mussten das Jesuskind und die Köpfe seiner Vorfahren durch Neuanfertigungen ersetzt werden.

Im Südwesten grenzt eine Mauerzunge die südlichen Seitenschiffe zu ihrer Vorhalle ab. Hier sitzt, durch eine Glasvitrine geschützt, der berühmte Ulmer Spatz. Die legendäre Geschichte des Vogels, die 1860 einen Ulmer Konditor zu einer entsprechenden Zuckerkreation inspirierte, berichtet: Als die Ulmer Baumaterial für ihr Münster in die Stadt transportieren wollten, erwies sich das Stadttor als zu schmal für die quer geladenen Holzbalken. In ihrer Ratlosigkeit dachten die Ulmer darüber nach, das Hindernis durch seinen Abbruch zu beseitigen. Gerade noch rechtzeitig wies ihnen jedoch ein Spatz, der mit einem langen Strohhalm im Schnabel einen engen Durchgang bewältigen musste, den richtigen Weg. Das Federvieh schob seinen Strohhalm ganz einfach der Länge nach durch die Öffnung.

Bereits seit der Fertigstellung des Münsterdachs 1471 befand sich dort eine Vogelfigur aus Hohlziegeln, bei der es sich wohl kaum um einen Spatzen gehandelt haben dürfte. Wesentlich nahe liegender scheint ihre Deutung als Reichsadler, Taubensymbol oder Johannesadler. Schon acht Jahrzehnte nach der Aufstellung war dem Chronisten Sebastian Fischer eine sichere Zuordnung nicht mehr möglich. Auf einer Zeichnung, die er im Zusammenhang mit seiner ausführlichen Münsterbeschreibung anfertigte, erinnert der Vogel stark an einen Papageien.

Ferdinand Thrän, auf den die Neubegründung der Münsterbauhütte Mitte des 19. Jahrhunderts zurückgeht, ließ das stark in Mitleidenschaft gezogene Exemplar 1854 entfernen. An seine Stelle trat vier Jahre später jener Spatz aus Sandstein, der heute im Münster zu bewundern ist. Denn Ferdinand Thräns Federvieh von 1858 war nur wenige Zeit auf dem Münsterdach beschieden. Schon kurz vor der Fertigstellung des Westturms war der Vogel so stark von Verwitterung bedroht, dass er abgenommen werden musste. Sein Amtsnachfolger, der seit 1889 auf dem Münsterdach thront, geht auf eine Stiftung der Bürgergesellschaft »Hundskomödie« zurück. Der heutige Münsterspatz ist kupfergetrieben und vergoldet und damit wesentlich witterungsbeständiger als seine Vorgänger.

An der Wand, die das südliche Seitenschiff im Westen von der Turmhalle trennt, befindet sich der so genannte Gnadenstuhl, ein Kunstwerk, das zeitweise in der Sakristei untergebracht war. In seiner ausführlichen Münsterbeschreibung erwähnt Rudolf Pfleiderer das etwa 2,5 mal 1,6 Meter große Tafelgemälde, das unter bemerkenswerten Umständen entdeckt wurde und nach wie vor zahlreiche Fragen aufwirft.

Ein Teil des zerstückelten Kunstwerks, das die Dreieinigkeit darstellt, tauchte 1834 bei einer Holzauktion auf. 1848 fand sich der zweite Teil in einer Ulmer Backstube, wo er angeblich als Bestandteil einer Backmulde gedient haben soll.

Die Zerstückelung und die missbräuchliche Verwendung sowie eine im 19. Jahrhundert erfolgte Übermalung verhindern bis heute eine verlässliche Zuordnung.

Zeitweise wurde spekuliert, das Tafelgemälde könnte ein Altarflügel der Karg-Nische an der Südostwand des Münsters gewesen sein. Damit käme Hans Multscher,

Links: Totenschild für Johann Jacob Schad von Mittelbiberach. Rechts: Ein Trageengel trägt das gemehrte Wappen Hans Jacob Schads von Mittelbiberach.

auf den die Nische nachweislich zurückgeht, auch als Schöpfer der Dreieinigkeitsdarstellung in Frage. Tatsächlich passen die Größenverhältnisse beider Kunstwerke perfekt zusammen. Stilistische Gründe sprechen jedoch dafür, dass sie in einem Abstand von mehreren Jahrzehnten angefertigt wurden. Experten neigen dazu, das letzte Drittel des 15. Jahrhunderts als Entstehungszeit des Tafelgemäldes anzusehen, während für die Karg-Nische das Jahr 1433 als Entstehungszeitpunkt gesichert ist. Gegen die Annahme, dass beide Kunstwerke einst eine Einheit gebildet haben, spricht im Übrigen auch die Tatsache, dass nach heutigem Wissensstand davon ausgegangen werden muss, dass die Karg-Nische über keine klappbaren Altarflügel verfügte.

Auch die Vermutung, Bartholomäus Zeitblom könnte der Urheber der Dreieinigkeitsdarstellung sein, entbehrt vermutlich jeglicher Grundlage. Denn eine derartige Zuordnung konnte bisher nicht verifiziert werden.

Nach der spektakulären Entdeckung der zertrennten Tafelteile erfolgte 1858 die Zusammensetzung und Restaurierung der Fundstücke bei Maler Teschler in Augsburg. Schließlich wurde der so genannte Gnadenstuhl, eine Darstellung der Dreieinigkeit, 1883 für das Münster erworben.

Beide Seitenschiffe waren zunächst ohne bauliche Unterbrechung durchgängig von den Ostwänden bis zu ihrem westlichen Ende angelegt. Ihr heutiger westlicher Abschluss durch Vorhallen wurde gleichsam aus der Not geboren. Nach der Berufung Burkhart Engelbergs 1493 stand zwangsläufig zunächst die Beseitigung der Baumängel, die durch die Planänderung unter Ulrich von Ensingen entstanden waren, im Vordergrund. Dessen hoch aufstrebender Turm, der allerdings nur bis zur Viereckskanzel abgeschlossen war, blieb ohne ausreichende Fun-

Zwei Szenen der Katharinenlegende an der Südwand der südwestlichen Vorhalle.

Ferdinand Thräns Figur des Ulmer Spatzes befand sich nur wenige Jahre auf dem Münsterdach.

damentierung und drohte abzusinken. Während einer Mittagspredigt hatten sich 1492 zwei Steine aus dem Turmgewölbe gelöst und eine Panik unter den Gottesdienstbesuchern verursacht. Burkhart Engelberg, der sich als begnadeter Techniker erwies, oblag es, die statischen Mängel zu beseitigen. Im Zuge der Turmsanierung ließ er die östlichen Turmfundamente verstärken. Die beiden westlichen Joche der Seitenschiffe wurden durch Vorhallen abgetrennt. Burkhart Engelberg fand also auch an dieser Stelle eine technisch brillante Lösung. Allerdings gelang es ihm hier nicht, wie bei der Neueinwölbung der Seitenschiffe aus der statischen Notwendigkeit eine Bereicherung der Raumästhetik zu gewinnen. Denn die räumliche Unterteilung im Westen beeinträchtigt die Helligkeit und Anmut des weitläufig konzipierten Innenraums.

An der südlichen Wand der südwestlichen Vorhalle hat sich eine der wenigen Wandmalereien erhalten, deren Inhalt nach wie vor gut zu erkennen ist. Sechs in sich abgeschlossene Szenen präsentieren die Katharinenlegende, beginnend mit dem »Götzenopfer« des Kaisers bis zur abschließenden Überführung von Katharinas Leichnam auf den Sinai.

---

(1) Pfleiderer, S. 177.
(2) Fabri, S. 207.

DIE KARG-NISCHE

An der Ostwand der südlichen Seitenschiffe lässt ein 3,60 x 3,60 Meter großes steinernes Kunstwerk den Besucher rätseln. Die Beschädigung des Reliefs ist so stark vorangeschritten, dass sich sein Inhalt ohne zusätzliche Erläuterung nicht zu erschließen vermag.

Zu den wenigen noch erkennbaren Details zählt ein teilweise goldenes vorhangartiges Gebilde, von vier gesichtslosen Gestalten mit goldenen Flügeln umgeben, sowie zwei seitliche Fenster. Besonders irritierend sind die stufenförmigen Steinklötze im oberen rechten Bereich, in denen man instinktiv eine nachträgliche Einfügung erkennt.

Die Sockelinschrift benennt den Ulmer Patrizier Konrad Karg als Stifter und Hans Multscher als Schöpfer der 1433 vollendeten Karg-Nische. Der begnadete Bildhauer Hans Multscher zählt zu den bedeutendsten Künstlern der Spätgotik im südwestdeutschen Raum. Seine Ulmer Werkstatt beeinflusste weit über seinen Tod hinaus nachhaltig die künstlerische Weiterentwicklung der Region. Dabei ist die Karg-Nische das früheste Werk, das Multscher mit Sicherheit zugeschrieben werden kann.

Die blau umrahmte Inschrift der Sockelleiste wird seitlich von zwei spiegelbildlich angeordneten Wappendarstellungen begleitet, die auf die Familie Karg verweisen. Das Wappen zeigt einen angewinkelten Arm in einem weißen, sehr weiten Pluderärmel; seine Hand hält einen weiß-goldenen Pfeil; das Ganze vor einem roten Hintergrund.

Die gravierende Beschädigung der Karg-Nische geht zu weiten Teilen auf den reformatorischen Bildersturm des Jahres 1531 zurück, der möglicherweise von kriminellen Elementen als Gelegenheit zum Diebstahl einiger Figuren missbraucht wurde.

In der Folgezeit wurde die verstümmelte Nische zugemauert und verputzt. Bis auf die untere Künstlerinschrift mit den Wappendarstellungen und dem oberen Kranzgesims erinnerte nichts mehr an ihre Existenz. Anscheinend geriet sie bald in Vergessenheit. Offensichtlich war das Vorhandensein der Karg-Nische nicht mehr bekannt, als ab 1870 unter Ludwig Scheu der Ausbau der Chortürme in Angriff genommen wurde. Das führte zu einer weiteren – diesmal unbeabsichtigten – Verstümmelung des großartigen Kunstwerks. 1875 wurde hinter der Karg-Nische eine schmale Treppe in den Südturm eingebaut. Dabei brach man – nichts Böses ahnend – die nach wie vor deutlich sichtbaren Stufen in die Rückseite der Nische. Ihre Freilegung ließ allerdings dreißig weitere Jahre auf sich warten. Sie erfolgte erst 1905 auf Veranlassung von Rudolf Pfleiderer.

Die Funktion der Nische konnte bis heute nicht mit endgültiger Sicherheit geklärt werden, was sich auch in ihrer unterschiedlichen Benennung niederschlägt. Die ebenfalls gebräuchliche Bezeichnung Kargaltarretabel geht auf die Annahme zurück, das Bildwerk wäre einst Bestandteil eines Privataltars der Karg gewesen. Die vier seitlichen Eisenaufhängungen wurden lange als Vorrichtung für klappbare Altarflügel interpretiert. Diese Deutung darf aus heutiger Sicht als widerlegt gelten. Die vermutete Zugehörigkeit des Reliefs zu einem Altar blieb bisher ohne Beweis. Wobei sich im Bereich der Karg-Nische mit Sicherheit kein Altar befand, der baulich mit der Wand verbunden war.

Trotz der starken Beschädigungen konnte sich das Werk ein Stück seiner faszinierenden Ausstrahlung erhalten. Denn die Überreste, die der Zerstörung entgingen, verraten ein begnadetes Talent und meisterliches Können.

Vor einem blauen Hintergrund breiten Engel einen Vorhang aus. Zwei halten ihn an den unteren Seiten. Drei weitere hielten ihn ursprünglich oben. Beim Treppenausbau 1875 ging allerdings einer von ihnen verloren. Auch die restlichen Engel sind nicht mehr vollständig erhalten. Ihre Gesichter wurden 1531 zertrümmert. Gleichwohl lassen der reiche Faltenwurf ihrer weißen Gewänder sowie die fein ausgearbeiteten Flügel, die an weite Adlerschwingen erinnern, die einstmals prächtige Gestaltung erahnen.

Die Karg-Nische wurde beim Bildersturm von 1531 schwer demoliert.

Beim Ausbau der Südturmtreppe wurde die Karg-Nische versehentlich beschädigt.

Anhand der Vorhanggestaltung kann man erkennen, dass im Vordergrund der Draperie ursprünglich drei Figuren standen. Dafür sprechen sowohl die rot hinterlegten Aussparungen auf dem goldenen Vorhang als auch die Art des Faltenwurfs, der die Position der heute nicht mehr vorhandenen Statuen sanft umspielt. Die Aussparungen der Vorhangdraperie geben auch einen deutlichen Hinweis auf die Größe der verloren gegangenen Figuren. Sie müssen mehr als einen Meter hoch gewesen sein, wobei die Muttergottes, die zweifelsfrei in der Mitte stand, die anderen leicht überragte.

Relativ gut erhalten zeigen sich die beiden blau umrahmten Scheinfenster seitlich des Vorhangtuchs. Im linken ist der schwungvoll wehende Vorhang noch deutlich zu erkennen, von dem rechts aufgrund des Treppeneinbaus nur noch Reste vorhanden sind. Aufgemalte Spruchbänder verweisen auf die ursprünglich an dieser Stelle dargestellten Personen. Die Brustbilder des heiligen Theobald und des Bischofs Konrad von Trier bevölkerten die Fenster. Wobei Letzterer hier als Namenspatron des Stifters ausgewählt worden sein dürfte.

Eine breite mehrteilige Umschriftenleiste umfängt das Bildwerk. Sie beinhaltet eine außergewöhnlich wortreiche Huldigung der Muttergottes, die mit den Worten »Salvo te santta Maria« beginnt.

Die gesamte Umrahmung gliedert sich in mehrere Bereiche. Zunächst steigt sie beidseitig senkrecht nach oben, wo sie in einem sanften flachen Rundbogen ausläuft. In den Hohlraum zwischen ihrer breiten äußeren Inschriftenleiste und ihren schmalen inneren Rahmen schmiegen sich dreizehn schlanke Engelsfiguren. Darüber erhebt sich eine weitere Inschriftenrahmung, die das Bildwerk rechteckig abschließt. Plastische Apostelfiguren beleben die seitlichen Zwickelnischen.

Die hoch aufragende Ostwand der südlichen Seitenschiffe bildet zugleich die westliche Turmwand des Südturms. Sie ist daher entsprechend stabil und massiv angelegt. Somit konnte die mehr als 60 Zentimeter tiefe Karg-Nische problemlos in die mehr als drei Meter dicke Wand eingefügt werden. Dabei kamen verschiedene Steinmaterialien zum Einsatz. Während die Vorhangdraperie und die Engelsfiguren aus Süßwasserkalkstein gefertigt wurden, bestehen die übrigen Bereiche aus Donzdorfer und Rorschacher Sandstein.

DAS WEIHWASSERBECKEN UND DER TAUFSTEIN

Seit ihrer Neueinwölbung zu Beginn des 16. Jahrhunderts werden die Seitenschiffe durch jeweils neun anmutige Rundpfeiler unterteilt. Diese sind in ihrer Formgebung einheitlich gestaltet. Lediglich der unweit der Karg-Nische gelegene südöstliche Pfeiler bildet hier eine Ausnahme.

Im Anschluss an die 1507 vollendete Neueinwölbung wurde er zum Mittelpunkt des Weihwasserbeckens. Ein weit ausladender achteckiger Sockel umgibt großräumig die Säule und bildet so die Basis. Darüber erhebt sich in annähernd eineinhalb Meter Höhe das Weihwasserbecken, das um den Rundpfeiler herumgebaut wurde. Die spätgotische Maßwerkschale zeigt sich mit reich ornamentierten Steinmetzarbeiten und filigranen Verzierungen.

Auch der zweite Pfeiler von Osten durchbricht in gewisser Weise den Rhythmus der freistehenden Rundpfeiler. Denn an ihn grenzt das prächtige Taufbecken, das von einem eigenständigen kleinen Bauwerk in Form eines dreiteiligen Ziboriums umfangen und überhöht wird.

In seinem um zwei Stufen erhöhten Innenraum befindet sich das achteckige aus Sandstein gefertigte Taufbecken mit der Jahreszahl 1474. An den acht Seiten des Steins wurden die Büsten von sechs Propheten und zwei alttestamentarischen Königen eingemeißelt. Jeder der Dargestellten ist von einem Schriftband umgeben, das seinen Namen und ein kurzes Bibelwort zum Thema Wasser und Reinigung beinhaltet.

Unter den Brustbildern von Jesaja, Daniel, David, Abraham, Moses, Elias, Ezechiel und Salomon sind acht Wappenschilde angebracht. Sie zeigen den Reichsadler und die Wappen der sieben damaligen Kurfürstentümer Mainz, Trier, Köln, Böhmen,

Links: Das Weihwasserbecken wurde um den südöstlichen Seitenschiffpfeiler herumgebaut. Rechts: Das Taufbecken steht unter einem Ziborium.

Links: Engelsfigur am Ziborium des Taufbeckens. Rechts: Die Pelikanmutter, die ihre Jungen mit ihrem Blut füttert, ist eine Allegorie auf den Kreuzestod Jesu.

Brandenburg, Pfalz und Sachsen. Darunter thronen vier plastisch ausgearbeitete Sockellöwen.

Ein hoch aufragender pyramidenförmiger Aufbau schließt das Taufbecken nach oben ab. Mit seinem reich geschnitzten vergoldetem Maßwerk und seiner üppigen Krabbenverzierung erinnert er an den Helm eines gotischen Kirchturms. Seine Spitze wird von einer Pelikanmutter bekrönt, die ihre Jungen mit ihrem eigenen Blut füttert. Die Darstellung des Vogels, der sein Leben für seine Nachkommen opfert, steht als Allegorie für Christi Kreuzestod.

Seit 1715 schützt ein filigranes Metallgitter, das zwischen den drei schlanken umgebenden Säulen eingefügt wurde, das großzügig ornamentierte Taufbecken. Auf diesen drei Säulen ruht der ziboriumartige Überbau, der bis zur halben Höhe des Seitenschiffpfeilers reicht. Der luftig leichte Baldachin präsentiert drei Spitzbogentore mit elegant geschmückten Feldern und findet seinen Abschluss in einem mit Maßwerk versehenen Geländer.

Ursprünglich war der großzügige Überbau noch wesentlich höher geplant. Darauf geben die abrupt endenden Eckfialen, die gleichsam wie abgeschnitten wirken, einen deutlichen Hinweis. Das Vorhaben kam allerdings nicht zur Ausführung.

Die sechs unteren Pfeilerkonsolen werden von fünf Statuen bevölkert. Die sechste ist nicht besetzt. Anhand ihrer Symbole erkennen wir die vier Evangelisten Matthäus mit Engel, Markus mit dem Löwen, Lukas mit dem Stier und Johannes mit dem Adler sowie den Apostel Johannes der Täufer, der ein Lamm in den Armen hält. Sie werden von schlanken, steilen Fialen bekrönt, die den Geländerabschluss leicht überragen und in ihren Zwischenräumen mit Engelsfiguren geschmückt sind.

DIE FENSTER

Die heutige Verglasung der Südfenster entstand zwischen 1953 und 2001. Nach und nach ersetzte sie die im Zweiten Weltkrieg bei einem Luftangriff zerstörten Fenster. Auch diese entstammten wiederum nicht der Entstehungszeit des Münsters, sondern wurden erst zwischen 1878 und 1913 eingesetzt.

Die beiden jüngsten Fenster des Münsters finden sich am östlichen Ende der Südwand. Erst 2001 wurden sie von dem Künstler Johannes Schreiter geschaffen und sind einem ungenannten Stifter zu verdanken. Das Weltvollendungs- und das Weltgefährdungsfenster präsentieren sich weitgehend in streng geometrischer, geradliniger Formensprache unter Verzicht auf gegenständliche Darstellungen. Mit ihren dominanten Blautönen setzen sie einen besonderen farblichen Akzent und tauchen den südöstlichen Bereich der südlichen Seitenschiffe zuweilen in ein kräftig blaues Licht.

Zwischen diesen Fenstern befindet sich der südöstliche Münstereingang, der auch als Brautportal bezeichnet wird. Über diesem erhebt sich das Brautfenster, das die Stadt Ulm anlässlich ihrer 1100-Jahrfeier 1954 stiftete. Es geht auf den Ulmer Maler, Grafiker und Glasmaler Wilhelm Geyer zurück, der im selben Jahr den oberschwäbischen Kunstpreis erhielt. Vorgestellt werden mehrere alttestamentarische Brautpaare. Darunter neben Abraham und Sarah auch Boas und Rut, auf die ein häufig ausgewählter Trauungsspruch zurückgeht: »Wo du hingehst, da will auch ich hingehen.« Die Darstellung im Maßwerk erinnert an Jerusalem, wie es sich der Offenbarung zufolge nach dem Weltgericht präsentieren wird: »(…) bereitet wie eine geschmückte Braut ihrem Mann.«

In der Reihe der Südfenster zeigt sich nur eines ohne farbige Verglasung. Das

Links: Maria mit dem Kind im Freiheitsfenster von Gottfried von Stockhausen. Rechts: Das Weltvollendungsfenster präsentiert sich in streng geometrischen Formen.

Im Fenster der Versuchung widersteht Jesus allen Versuchungen des Satans.

Fenster im vierten Joch von Osten ist das einzige an dieser Seite, dessen im Krieg zerstörte Scheiben bisher nicht durch neue farbige Glasmalereien ersetzt wurden.

»IN FELLOWSHIP 47. INF.RGT« ist am rechten unteren Rand des Fensters über dem einstigen Portal zur heute nicht mehr existierenden Roth'schen Kapelle zu lesen. Die Inschrift erinnert an den Stifter, das seinerzeit in Neu-Ulm stationierte 47. US-Infanterie-Regiment. Der Schöpfer des Freiheitsfensters von 1958 ist Gottfried von Stockhausen.

Das nach Westen anschließende Fenster thematisiert in mehreren reich bewegten Bildern die »versöhnte Gemeinschaft«. Die Kernaussage zentralisiert sich im oberen mittleren Bereich: Zwei Kirchengebäude in Medaillons versinnbildlichen die Ökumene. Kreuz, Kelch und Bibel betonen die Gemeinsamkeit. Darüber sieht man vier gesichtslose Gestalten in unterschiedlichen Farben. Ihre ausgestreckten Arme richten sich auf die große weiße Taube über ihren Köpfen. Trotz kultureller, ethnischer und weltanschaulicher Unterschiede verbindet alle die gemeinsame Sehnsucht nach Frieden.

Ebenso wie die »Versöhnte Gemeinschaft« aus dem Jahr 1983 geht auch das 1982 entstandene Fenster »Von der Heilung des Menschen« auf den Kunstmaler, Restaurator und Glasmaler Peter Valentin Feuerstein zurück. Im Vordergrund der Darstellung steht weniger die Heilung körperlicher Gebrechen. Thematisiert werden insbesondere geistige und seelische Nöte. So begegnen wir in den beiden Seitenfeldern Menschen mit vielfältigen Leiden, unter ihnen auch Verlierer der modernen Leistungsgesellschaft. Es geht um Obdachlosigkeit, Sucht, Selbstzerstörung, Behinderung, Einsamkeit, Krankheit, Kindesmisshandlung, Scheidung und Verlust des Arbeitsplatzes.

Während bei der »Heilung des Menschen« satte Rot- und Blautöne die Farbskala bestimmen, vermittelt das benachbarte Predigtfenster von 1981 in weiten Bereichen eine Fülle hellerer Nuancen. Peter Valentin Feuerstein inszeniert auch hier die einzelnen alt- und neutestamentarischen Begebenheiten und Gleichnisse vorwiegend in starkem Rot und Blau, umfängt sie jedoch mit einem strahlend goldenen Hintergrund.

Das Himmelfahrtsfenster über dem Südwestportal, das 1962 von Wolf-Dieter Kohler geschaffen wurde, besticht durch seine warme, farbenfrohe Leuchtkraft. Im Gegensatz zu den vorausgegangenen Fenstern, die ein Schwerpunktthema in mehreren Szenen beleuchten, konzentriert sich das Himmelfahrtsfenster ausschließlich auf ein einziges zentrales Ereignis der Heilsgeschichte: Christi Himmelfahrt. Am unteren Bildrand stehen die Jünger auf einer Anhöhe über Jerusalem. Ihre Blicke folgen einem hellen Lichtstreifen, der die Himmelfahrt symbolisiert. In kühnem Schwung strebt er dem Heiligen Geist in der Spitze des Maßwerks entgegen.

Farbgebung und Formensprache sind auch beim letzten Fenster des südlichen Seitenschiffes dem dargestellten Thema geschuldet. Während das Himmelfahrtsfenster jedoch dem Ereignis entsprechend in liebevoll freundlicher Bewegtheit gehalten ist, überwiegt beim Fenster der Versuchung kühle Geradlinigkeit. Der abweisende Charakter entspricht dem Inhalt. Dreimal versucht Satan, Jesus in Versuchung zu führen. Dreimal scheitert er mit seinem teuflischen Vorhaben. Der Künstler Klaus Wallner hat das Geschehen 1965 unter Verzicht auf weiche Farben und Formen in hartem Grau-Silber mit kräftig dunklen Nuancen festgehalten.

In der westlich gelegenen Vorhalle der südlichen Seitenschiffe befinden sich zwei weitere Fenster des Glasmalers Peter Valentin Feuerstein, die beide aus dem Jahr 1985 datieren. Über der Wandmalerei mit der

Fenster von der Heilung des Menschen im südlichen Seitenschiff.

Links: Fenster der Verheißung in der südlichen Vorhalle. Rechts: Das Israelfenster an der Westseite der südlichen Vorhalle.

Katharinenlegende erhebt sich das Fenster der Erfüllung, rechts daneben das der Verheißung.

Besondere Erwähnung verdient das westliche Fenster der Vorhalle. Als das Münster zwischen 1878 und 1913 zahlreiche Neuverglasungen erhielt, wurde hier das einzige Fenster mit weltlichem Inhalt angebracht. Es stellte die 1871 in Versailles erfolgte Proklamation des preußischen Königs Wilhelm I. zum deutschen Kaiser dar. Dieses Kaiserfenster wurde ebenso wie die anderen Neuverglasungen jener Epoche im Zweiten Weltkrieg zerstört. An seine Stelle trat 1986 das Israelfenster von Gottfried von Stockhausen. Der Künstler legt hier eine fließende Lebendigkeit verbunden mit großer Detailgenauigkeit und einer ausgewogenen Farbkomposition in freundlichen Tönen an den Tag. Ein riesiger siebenarmiger Leuchter nimmt fast das gesamte obere Drittel des Fensters ein. Darunter sieht man Moses vor dem brennenden Dornbusch, zu dessen Seite die Bundeslade und die Gesetzestafeln dargestellt sind. Der untere Teil erinnert an den Holocaust. Er ist Mahnung und Gedenken zugleich. Die Namen Treblinka, Auschwitz und Bergen-Belsen stehen stellvertretend für alle Konzentrationslager. Vor einem überdimensionalen, weit aufgerissenen Maul mit spitzen Zähnen, in dessen blauem Rachen sich die Verbrennungsöfen befinden, entdeckt man eine Gruppe nackter, kahl rasierter Menschen. Das Grauen spiegelt sich in ihren ausgemergelten Gesichtern. Ein Kind klammert sich ängstlich an das Bein seiner Mutter, die so ausgehungert ist, dass man ihre Rippen hervorstehen sieht.

DIE NÖRDLICHEN SEITENSCHIFFE

Ende des 15. Jahrhunderts wurde offensichtlich, dass sich die rund hundert Jahre zuvor durch Ulrich von Ensingen konzipierten weit gespannten Seitenschiffgewölbe negativ auf die Statik auswirkten. Der Druck auf die Außen- und Arkadenwände war so stark, dass es zu deutlich sichtbaren Abweichungen kam, was auch die Anbringung von Eisenankern nicht gänzlich verhindern konnte.

Nachdem Burkhart Engelberg, »des Pfarrturms zu Ulm großer Wiederbringer«[1], 1494 bis 1500 den Turm gesichert hatte, wandte er seine Aufmerksamkeit den Seitenschiffgewölben zu. In der Folgezeit ersetzte der neue Münsterbaumeister die allzu ausladenden Gewölbe durch kleinere und leichtere. Zugleich stützte er sie in der Mitte der Seitenschiffe durch schlanke, elegante Rundsäulen ab, was dem Bau den Charakter einer fünfschiffigen Kirche verlieh. Sein Vorgehen erwies sich nicht nur in statischer Hinsicht als ausgesprochen gelungene Lösung, sondern auch als ästhetische Bereicherung des Raumgefüges.

An der hoch aufragenden Ostwand der nördlichen Seitenschiffe verweisen Burkhart Engelbergs Meisterzeichen und die Jahreszahl 1502 auf den Abschluss ihrer Neueinwölbung. Das ist nicht der einzige Hinweis auf die Tätigkeit des versierten Baumeisters. Auffällig ist vor allem die fast völlige Überbauung eines älteren Wandgemäldes. Das Engelberggewölbe überschneidet mittig einen riesigen Reichsadler, der Mitte des 15. Jahrhunderts al fresco auf dem frischen Verputz angebracht wurde. Ein aufgemalter Rahmen umfängt die Darstellung, die unten beidseitig mit dem quer geteilten Ulmer Schild in Schwarz und Silber abschließt.

Zwei weitere, etwas kleinere Adler bevölkern die beiden großflächigen Bogenfelder der Ostwand. Auch ihre Umrahmung ist in den Ecken mit Wappen versehen. Neben dem Ulmer Schild tritt uns das Wappen des Kirchenbaupflegeamtes entgegen, ein A, das stark Albrecht Dürers berühmtem Monogramm gleicht.

Blick durch die nördlichen Seitenschiffe nach Westen.

Links: Die meisten Fenster der nördlichen Seitenschiffe sind heute ohne Farbverglasung. Rechts: Gewölbe von Burkhart Engelberg mit dem Reichsadler an der nördlichen Ostwand.

Auch die erste Einwölbung des nördlichen Seitenschiffes findet an der Ostwand ihren Niederschlag. In einem aufgemalten Schild verkündet die Jahreszahl 1452 den Zeitpunkt ihrer Vollendung. Sie beinhaltet außerdem das Meisterzeichen Matthäus Ensingers, unter dem die Einwölbung erfolgte.

An den Münsterbaumeister der Jahre 1446 bis 1463 erinnert außerdem ein einfarbiges Epitaph neben dem Portal zur Neithardtkapelle: »anno dm MCCCCLXIII (1463, d. Verf.) do starb matheus ensing d Kirchenmaist de gott genad.« Über der Inschrift des teilplastischen Werkes sind drei Zirkel, das Familienwappen der Ensinger, dargestellt. Seine Helmzier wird von einer Büste überragt, die Matthäus Ensinger darstellt.

Unter ihm erfolgte vermutlich auch der Mauerdurchbruch der Ostwand, der seither den direkten Zugang von den nördlichen Seitenschiffen zur Neithardtkapelle ermöglicht. Das hohe, rundbogige Portal kann bei Bedarf durch ein filigranes Eisengitter verschlossen werden, auf dem sich verspielte Engelchen tummeln.

Zur Rechten des Portals sind Reste einer Wandmalerei zu erkennen, die einst zu einem der zahlreichen Münsteraltäre gehörte. Das Werk ist so stark in Mitleidenschaft gezogen, dass sich sein Inhalt dem heutigen Betrachter nicht mehr erschließt. Dennoch lässt das Vorhandene auf eine einstmals farbenprächtige Gestaltung schließen.

Die Interpretation des Wandgemäldes wird auch dadurch erschwert, dass es teilweise von einer mehr als zwei Meter hohen, steinernen Marienfigur verdeckt wird. Sie ist ein Werk des schwäbischen Meisters Hartmann aus dem Jahr 1418 und hatte ihren Platz ursprünglich am südlichen Freipfeiler der Westportalvorhalle, wo sie durch eine Kopie ersetzt wurde. Wind und Wetter haben der Originalfigur stark zugesetzt. Gleichwohl konnte sie sich viel von ihrer einstigen Schönheit bewahren.

An der Ostwand trifft man auf eine weitere Statue der Westportalvorhalle, die in das Münsterinnere verbracht wurde. Es handelt sich um den heiligen Antonius, dessen ehemaliger Standort am nördlichen Freipfeiler mittlerweile von einer Kopie ersetzt wurde.

In den nördlichen Seitenschiffen befand sich ebenso wie in den übrigen Bereichen des Münsters eine Fülle von Altären, die infolge der Reformation verloren gingen. Ihr Verlust macht sich hier besonders schmerzlich bemerkbar, denn die nördlichen Seitenschiffe wurden damit ihrer Ausstattungsstücke zu weiten Teilen beraubt.

Nur noch wenige Malereien an den Wänden und Pfeilern geben einen Eindruck vom einst enormen Reichtum an Altären. Ihre genaue Anzahl ist nicht bekannt. Und auch ihr jeweiliger Standort kann nicht in allen Fällen benannt werden. Zu den wenigen mit weitestgehender Sicherheit belegbaren Exemplaren des Nordseitenschiffs zählt der Strölinaltar an der Ostwand. Wandmalereien und Berichte älterer Chronisten sprechen deutlich für eine derartige Zuordnung.

Die dem Altar zugehörigen Totenschilde mehrerer männlicher Mitglieder der Familie Strölin, die mindestens über einen weiteren Altar im Münster verfügte, wurden Mitte des 15. Jahrhunderts angebracht. Als Stifter tritt uns Peter Strölin »auf dem Hof« entgegen, neben dessen Wappen, einem steigenden goldenen Einhorn auf schwarzem Grund, ein quadrierter Schild die Wappen seiner vier Gattinnen trägt: »anno dm MCCCXXXXIIII do starb peter strölin der alt uf dem hoff Ain styfter des alters am dritten Tag im Mayen 1344.« Natürlich scheidet der 1344 Verstorbene zwangsläufig als Stifter eines Münsteraltares aus. Wenn er in der Inschrift explizit als solcher genannt wird, muss sich das auf eine frühere Stiftung, möglicherweise in der alten Pfarrkirche, beziehen, die später ins Münster übertragen wurde.

Die Inschriften können allerdings nicht als lückenlos zuverlässige Quelle gewertet werden. Ihre Aussage wurde möglicherweise durch die Übertünchung von 1817 und die Ende des 19. Jahrhunderts erfolgte Freilegung stellenweise verfälscht. So bleibt das Todesjahr von Lupprand Strölin, »des alten

Links: Verspielte Engelchen auf dem filigranen Eisengitter der Neithardtkapelle. Rechts: Die Originalfigur des heiligen Antonius von der Westportalvorhalle.

strölins seligen sunne uff dem hoffe«, fraglich. Die letzte Ziffer seines angeblichen Todesjahres zeigt eine deutliche Übermalung in Form einer Acht. Darunter könnten sich sowohl eine Sechs als auch eine Null verbergen. Somit käme das Jahr 1370 ebenso wie 1376 oder 1378 als Zeitpunkt seines Ablebens in Frage.

Versucht man der Spur der Münsteraltäre zu folgen, stößt man gleich auf mehrere Schwierigkeiten. Denn sie »werden in den verschiedenen Quellen teils nach dem Ort ihrer Aufstellung oder ihren Stiftern und Lehnsherren, teils nach ihren Heiligenpatrozinien genannt. Starb die Stifterfamilie aus, wurde der Altar zumeist noch lange mit seinem alten Namen bezeichnet. Doch kam es auch vor, daß er nunmehr den Namen der Erben erhielt.«(2)

Eine weitere Erschwernis bei der Zuordnung und Lokalisierung ergibt sich daraus, dass die Altäre in der Regel mehreren Heiligen geweiht waren, wobei im Lauf der Zeit mal der eine, mal der andere stärker in den Vordergrund treten konnte.

Einen guten Anhaltspunkt bilden die Wand- und Pfeilerbemalungen. So verweist die Präsentation des Sulmetingerwappens und des heiligen Christophorus am vierten Mittelschiffpfeiler von Osten auf die Stiftung eines zugehörigen Altars. Die um 1420/30 auf leichten Verputz gemalte Darstellung ist mittlerweile stark verblasst, aber noch recht gut erkennbar. Kraftvoll und hoch aufgerichtet begegnet uns der heilige Christophorus. In seiner rechten Hand hält er den Stab. Auf seiner linken Schulter trägt er den Jesusknaben durch den gefährlichen Fluss, in dem sich Fische und Enten tummeln.

Am siebten und am neunten Rundpfeiler von Osten blieben ebenfalls Malereien erhalten, deren Zustand das Erkennen des Dargestellten auch heute noch gestattet. Im Westen sieht man die Muttergottes, die stolz das fast schwerelos wirkende Jesuskind präsentiert. Der andere Pfeiler zeigt in einem aufgemalten Rahmen Maria, Johannes und Magdalena.

Die Wandmalereien neben dem benachbarten Nordwestportal sind dagegen so stark in Mitleidenschaft gezogen, dass man außer der Grablegung auf der rechten Seite nur noch Farbreste in braunen Umrahmungen erkennen kann.

Über dem Durchgang an der Südwand erinnert ein runder Totenschild an den 1681 verstorbenen Hans Georg Baldinger. In seinem Zentrum steht das Vollwappen des Geschlechts, ein aufspringender silberner Windhund. Dieser erscheint auch als

Links: Muttergottesdarstellung an einem Rundpfeiler der nördlichen Seitenschiffe. Rechts: Totenschilde der Familie Strölin an der Ostwand der nördlichen Seitenschiffe.

Helmzier, hier allerdings nicht in Bewegung, sondern in sitzender Haltung. Seine steil emporgereckte Schnauze reicht bis zur noch oben hin abschließenden Konsole, auf der zwei puttenartige Engel sitzen. In ihrer Mitte halten sie eine reich umrahmte Kartusche, die Christi Zeichen »IHS« trägt. Die Inschriftentafel, zu deren Seiten sich zwei allegorische Figuren auf schmalen Konsolen erheben, orientiert sich an der Rundung des Kranzes, der das Familienwappen umfängt. Sie vermerkt: »Anno 1681 den 12. Jenner, Abendts um 7 vr Ist in Gott seelig verschieden, der Wohl Edelgebohrne Gestr. Fürsichtig – vnd Hochweise Herr Hans Georg – Baldinger, Hoch-Meritierter, Alter Bürgermeister, des gehaimen Raths, Oberrichter, Herrschafft-Pfleger und Handwerckhs Herr. In dem 55. Jahr seines Alters, Welchem Gott eine Fröliche Aufferstehung verleihen wolle.«

Die Vorhalle der nördlichen Seitenschiffe beherbergt mehrere Gemälde ehemaliger Münsterpfarrer aus dem 16. bis 18. Jahrhundert, die lange an den Wänden der heutigen Konrad-Sam-Kapelle hingen, ehe sie 1963 an ihren nunmehrigen Standort verbracht wurden.

Den wichtigsten Wandschmuck stellen ansonsten die prächtigen Totenschilde mit ihrer reichen, teils figürlichen Gestaltung dar. Zwei besonders repräsentative Exemplare gehen auf Mitglieder der bedeutenden und weit verzweigten Familie Ehinger zurück. Wie zahlreiche andere Totenschilde des Ulmer Münsters befanden sie sich ursprünglich nicht an ihrem heutigen Standort, sondern wurden erst im Nachhinein dort aufgehängt.

An der Nordwand tritt der Totenschild für den 1670 verstorbenen Marquard Ehinger von Balzheim und seinen vier Jahre später verblichenen Sohn David hervor. Er besticht vor allem durch zwei trauernde Engelsfiguren auf einer Konsole. Die reich geschmückte Kartusche in ihrer Mitte beinhaltet das quadrierte Wappen der Familie mit roten Schwänen und gekreuzten Heulicheln. Totenkopfdarstellungen über der Wappenkartusche und unter der Inschriftentafel erinnern an die Vergänglichkeit des irdischen Daseins.

Totenschild für Hans Georg Baldinger an der Südwand der Nordwestvorhalle.

Der Ehingerschild an der Südwand der Nordwestvorhalle bezieht sich auf Hans Ehinger von Balzheim, der 1635 im Alter von 29 Jahren verschied. Die Inschriftenkartusche am unteren Rand ist fast völlig mit dem runden Totenschild verbunden. Ihren unteren mittigen Abschluss bildet ein fein ausgearbeiteter Engelskopf. Gleichsam als Gegenpart erscheinen über der hohen Helmzier Skeletteile und ein Totenkopf auf einer goldenen Konsole.

---

(1) Inschrift an St. Ulrich und Afra in Augsburg. Zit. nach Wortmann, S. 22.

(2) Tüchle, S. 129.

DIE FENSTER

Die meisten Fenster der nördlichen Seitenschiffe präsentieren sich heute ohne farbige Glasmalereien. Sie sind lediglich mit braunbeigen Scheiben versehen, die nach dem Zweiten Weltkrieg anstelle der zerstörten älteren Fenster eingesetzt wurden.

Zu den wenigen, die vor den Bombenangriffen ausgebaut und eingelagert wurden und somit erhalten blieben, zählt das Fenster über dem Nordostportal, das auf verschiedene Epochen zurückgeht. Zum ältesten Bestand zählen die oberen Teile der Kreuzigungsgruppe im Hauptbild mit Maria und Johannes dem Täufer ebenso wie die Engel, die das Spruchband mit der Inschrift »WRI« tragen, und die Propheten in der linken oberen Fischblase. Sie wurden zu Beginn des 15. Jahrhunderts in der Werkstatt Acker angefertigt.

An der Wand darunter verweist eine Inschrift sowohl auf die Stifter als auch auf das Stiftungsjahr: »diz glas band haben gemachd das hantwerk der marner da man zahlt von Christus geburt XIIII hundert jar und in dem VIII jar.« Das Wort Marner bezeichnet die Wollweber, deren Zunft das Fenster stiftete, worauf der Name Marnerfenster zurückgeht. Die etwas verzwickte Jahresangabe verweist auf 1408 als Stiftungszeitpunkt.

Die Darstellungen der heiligen Katharina mit dem Rad und des heiligen Georg entstammen wohl dem 16. Jahrhundert, während der Rest, darunter auch der untere Teil der Kreuzigungsgruppe, auf eine Renovierung des Jahres 1877 zurückzuführen ist.

Das Heimkehrerfenster über dem Nordwestportal, das vom Münsterbauverein gestiftet wurde, ist eine Schöpfung der Nachkriegszeit. 1959 wurde es von Wolf-Dieter Kohler angefertigt. Das Thema Heimkehr wurde seinerzeit nicht zufällig gewählt, sondern greift eine zentrale Erfahrung der Ge-

Das Marnerfenster über dem Nordostportal.

neration, die den Krieg überlebt hatte, auf: das Schicksal zahlreicher deutscher Soldaten, die erst viele Jahre nach Kriegsende in die Heimat zurückkehren konnten, ebenso wie das lange Warten und Bangen ihrer Angehörigen, die oftmals vollkommen im Ungewissen über den Verbleib ihrer Männer und Söhne waren.

Das Heimkehrerfenster, an dessen Stelle sich einst eine Darstellung von Abraham, den drei Engeln und Isaaks Opferung befand, greift das Thema Heimkehr in verschiedenen biblischen Szenen auf. Rechts oben sieht man die Heimkehr des verlorenen Sohnes. Demütig und bittend steht er vor dem Vater, der ihn willkommen heißt und mit freundlicher Geste in das dahinter befindliche Haus bittet. Nicht minder beeindruckend sind die Darstellungen im unteren Bereich, die auch an die Heimkehr des israelischen Volkes aus der babylonischen Gefangenschaft erinnern. Aus Dank für die glückliche Heimführung, mit der der Wiederaufbau des Jerusalemer Tempels einhergeht, werden Opferfeuer entfacht.

Auch das so genannte Versuchsfenster zwischen den beiden nördlichen Portalen entstammt der Nachkriegszeit und wurde 1952 von Rudolf Yelin geschaffen. Nach dem Krieg hatte man zunächst überlegt, die beim Luftangriff im Dezember 1944 zerstörten Fenster des Münsters durch mit Schwarzlot bemalte Scheiben in Grau-Braun-Beige-Tönen zu ersetzen. Das Versuchsfenster mit seinen wenigen zurückhaltenden szenischen Darstellungen war gleichsam der »Prototyp«. Zwischen den anderen schmuck- und farblosen Scheiben des Nordseitenschiffs fällt es zunächst nicht weiter auf. Erst auf den zweiten Blick erkennt man die sparsamen Darstellungen, die nur einen Teil des Fensters ausfüllen: die babylonische Gefangenschaft des Volkes Israel, König Salomon und das nach ihm benannte salomonische Urteil sowie König David mit Harfe und Spruchband.

Letztendlich kamen die mit Schwarzlot bemalten Scheiben jedoch nur in einigen Fenstern zur Ausführung. Für die weitere

Das Versuchsfenster zwischen den beiden nördlichen Portalen.

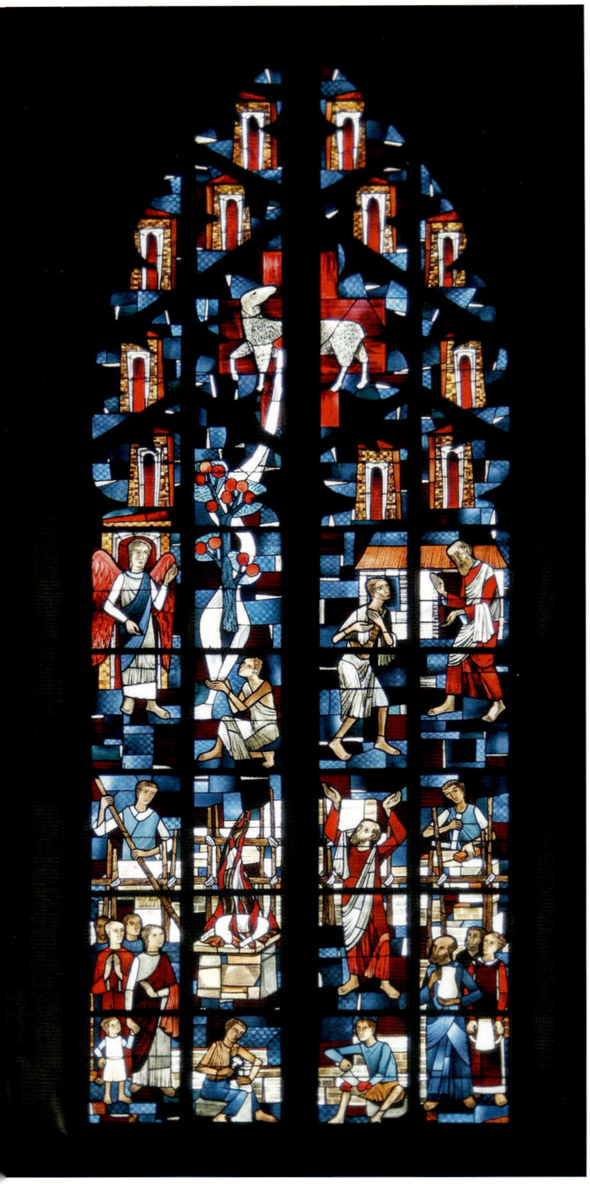

Links: Das Heimkehrerfenster über dem Nordwestportal. Rechts: Moderne Scheibe in der Westvorhalle der südlichen Seitenschiffe.

Neuverglasung fiel die Entscheidung zugunsten einer farbigen Lösung, wie sie in der Folgezeit beim Heimkehrerfenster und in den südlichen Seitenschiffen umgesetzt wurde.

Die Fenster der nordwestlichen Vorhalle beinhalten einige Scheiben aus der ersten Hälfte des 15. Jahrhunderts. Ihre modernen Rahmen wurden 1994/95 nach Entwürfen von Ludwig Schaffrath geschaffen.

Bei den Scheiben handelt es sich um Überreste der mittelalterlichen Langhausfenster, die über etliche Jahre hinweg auf dem Dachboden des Münsters gelagert worden waren, ehe sie in der Vorhalle der südlichen Seitenschiffe eine neue Heimat fanden.

Im Zentrum des Nordostfensters steht der Kampf des Erzengels Michael gegen Luzifer. Die Darstellung links davon bezieht sich auf den heiligen Ägidius. Auf der anderen Seite ist Bischof Nikolaus von Myra zu sehen. Seine rechte Hand hat er segnend erhoben, in der linken hält er den Bischofsstab und ein blaues Buch mit drei Goldkugeln.

Das Heiligenfenster an der Westwand präsentiert die vier christlichen Märtyrerinnen Katharina, Margarete, Dorothea und Barbara sowie die Apostel Jakobus und Judas Thaddäus.

DER CHOR

Harmonische Maße bestimmen das Raumgefüge des Chors: 27 Meter Höhe, 15 Meter Breite und 29 Meter Länge. An seiner südlichen und nördlichen Wand reiht sich auf jeweils über 18 Metern Länge das prächtige dunkle Chorgestühl aus Eichenholz. Daran schließt sich im Osten der polygonale Chorabschluss an. Jeder Wandteil ist mit zwei Arkaden geschmückt, über denen sich die hohen Chorfenster steil erheben. In den Blindarkaden befinden sich zwölf Grabplatten, von denen sieben auf vorreformatorische Münsterpfarrer zurückgehen. Hier sind auch zwei Mitglieder der Familie Neithardt vertreten, die beide den Vornamen Heinrich tragen. Zum einen der Stifter der Neithardtkapelle, der 1439 verstorbene langjährige Münsterpfarrer Dr. Heinrich Neithardt d. Ä., zum anderen sein Neffe Dr. Heinrich Neithardt d. J., der ebenfalls eine geistliche Laufbahn einschlug.

Harmonische Maße bestimmen das Raumgefüge des Chors.

DAS CHORGESTÜHL

Das weitläufige Chorgestühl des Ulmer Münsters zählt zu den hervorragendsten Werken der schwäbischen Plastik des 15. Jahrhunderts. Den zeitlichen und räumlichen Auftakt bildet der Dreisitz unter dem Chorbogen. Er war das Probestück, mit dem Jörg Syrlin d. Ä. belegen konnte, dass er und seine Mitarbeiter in der Lage waren, das Chorgestühl gemäß den hohen künstlerischen und handwerklichen Vorgaben des Ulmer Rats umzusetzen.

Zum unerlässlichen Bestandteil des Chorgestühls gehörte der Dreisitz mit einer Bank oder einem Ensemble von drei Sitzen für den zelebrierenden Priester, den Diakon und den Subdiakon. Die Ulmer Leviatenbank ist nicht direkt in das Chorgestühl integriert, sondern präsentiert sich als eigenständiger Teil, der zugleich das Langhaus vom Chor abgrenzt.

Das Probestück, das von Syrlin 1468 signiert und fertig gestellt wurde, gibt einen Vorgeschmack auf das reiche Bildprogramm, das in der weiteren Ausführung des Chorgestühls seinen Höhepunkt fand.

Phrygische Sibylle auf der Frauenseite des Chorgestühls.

Der 2,70 Meter breite Dreisitz steht am Choreingang, die Rückseite dem Langhaus zugewandt. Auffällig ist das massive abgeschrägte Pult, auf dessen Oberfläche seitlich die geschnitzten Büsten der Sibylle Eritrea und der Sibylle Samia mit Spruchbändern erscheinen. Auch die Pultaußenwände sind reich geschmückt. Hier dominieren bewegte Pflanzenornamente, die dem Dreisitz eine freundlich heitere Note verleihen.

Der hohe, anmutig geschnitzte Aufbau ist im oberen Bereich an der Rückseite in der Art eines dreigliedrigen Fensters durchbrochen und gewährt somit Durchsicht zwischen Chorraum und Mittelschiff. Darüber erhebt sich die Baldachinzone, in deren Kielbögen die Büsten der alttestamentarischen Propheten Jesaja, David, Daniel, Jeremia, Salomo, Micha, Habakuk und Zacharias untergebracht sind. Bekrönt wird der Dreisitz von einem schlanken Tabernakelaufsatz, in dessen Mitte der farbig gefasste auferstandene Christus dem Langhaus zugewandt steht.

Der Rat zeigte sich mit Jörg Syrlins Probearbeit zufrieden und beauftragte ihn mit der weiteren Ausführung des Chorgestühls. Ein Werk dieser Größenordnung konnte allerdings nicht von einem Künstler alleine geschaffen werden. Das Chorgestühl wurde zwar ausschließlich von Jörg Syrlin d. Ä. signiert. Das belegt aber nicht seine alleinige Urheberschaft, sondern weist ihn als Verantwortlichen für das Gesamtwerk aus. Mit Sicherheit waren weitere namentlich nicht bekannte Schreiner und Schnitzer an der Arbeit beteiligt. Darauf weisen deutlich sichtbare Unterschiede in der künstlerischen Qualität und Arbeitsweise hin, die es ermöglichen, einzelne Arbeiten bestimmten Künstlern zuzuordnen.

Namentlich fassbar ist lediglich der Bildschnitzer Michel Erhart, auf den mit allergrößter Wahrscheinlichkeit die Pultwangenbüsten zurückgehen. Er war seinerzeit in Syrlins Werkstatt beschäftigt und fertigte in Zusammenarbeit mit diesem ab 1473 den Hochaltar des Ulmer Münsters, der 1531 verschwand. Noch während der Arbeit am

Oben: Alttestamentarische Gestalten in der nördlichen Dorsalreihe des Chorgestühls.
Unten: Klappsitze des Chorgestühls in zwei hintereinanderliegenden Reihen.

Links: Misericordie in Form einer Eule mit offenen Flügeln. Rechts: Der Zyklus der nördlichen Wangenbüsten endet im Osten mit Pythagoras.

Chorgestühl gründete Michel Erhart eine eigene Werkstatt, die sich schon bald großer Popularität erfreuen durfte.

Das Bildprogramm des Chorgestühls ist dem Geist des Humanismus geschuldet, mit dem die Ulmer nicht zuletzt aufgrund ihrer ausgedehnten Handelsbeziehungen schon früh in Kontakt kamen. Vermutlich ist es Intellektuellen wie dem Stadtarzt Heinrich Steinhövel und dem Bürgermeister Hans Neithardt d. J., die als Übersetzer römischer Schriften hervortraten, zu verdanken, dass das wiederentdeckte Menschenbild und Bildungsideal der griechisch-römischen Antike bei der Konzeption des Chorgestühls aufgegriffen wurde. Daher begegnen uns an zentraler Stelle und auf Augenhöhe antike Gelehrte und Philosophen sowie Sibyllen, weissagende Frauen des Altertums, als vollplastische Halbfiguren an den Pultwangen. Dagegen treten die Persönlichkeiten des Alten und Neuen Testaments an den Dorsalen und in den Wimpergen, die man eigentlich im Mittelpunkt des Geschehens erwarten würde, leicht in den Hintergrund.

Man hat sich oft gefragt, warum die Ulmer für ihre Pfarrkirche ein so reich gestaltetes und großzügiges Chorgestühl anfertigen ließen, das dem einer Reichsabtei oder eines Domes in nichts nachstand. Gelegentlich wurde den Reichsstädtern unterstellt, sie hätten das kurz zuvor entstandene Konstanzer Chorgestühl übertrumpfen wollen. Ein derartiges Statusdenken mag nicht ganz von der Hand zu weisen sein. Gleichwohl dürfte der Umfang des Ulmer Chorgestühls in erster Linie auf die stattliche Anzahl der Münsteraltäre, die teilweise mit mehreren Pfründen verbunden waren, zurückzuführen sein.

Nur wenige Jahre nach der Vollendung des Chorgestühls verfasste Felix Fabri sein »Tractatus de civitate Ulmensi«. Darin bescheinigt er dem Ulmer Gotteshaus »neun einmalige Vorzüge vor allen anderen Pfarrkirchen der Christenheit«.(1)

An dritter Stelle nennt er die Vielzahl der Altäre: »Drittens ist sie reicher an Altären als alle Pfarrkirchen. Sie besitzt nämlich 51 Altäre, zu denen allen Einkünfte und Anrechte gehören. Es gibt aber viele Altäre mit fünf, vier oder drei Pfründen.

Daraus folgt viertens, daß keine Pfarrkirche für sich und allein so viele Geistliche hat wie die Kirche in Ulm.«(2)

Das Chorgestühl präsentiert sich in klarer architektonischer Gliederung. Seine mehr als achtzehn Meter langen Seitenteile an der nördlichen und südlichen Chorwand verfügen über insgesamt 89 Sitze, die sich auf zwei hintereinanderliegende Reihen verteilen. Zunächst waren sogar 91 Sitze geplant, wobei aus unbekannten Gründen nur eine geringere Anzahl zur Ausführung kam.

Hohe Trennwände unterteilen die Klappsitze, deren hintere Reihen durch eine Rückwand, das so genannte Dorsale, abgeschlossen werden. Darüber erheben sich zierlich geschnitzte Baldachine, deren abschließendes Kranzgesims 4,90 Meter Höhe erreicht und von schlanken Fialen sowie zarten Kreuzblumen bekrönt wird.

89 individuell gestaltete Büsten, verteilt auf Pultwangen, Dorsalen und Wimpergen, bevölkern das Chorgestühl, das in eine Männer- und eine Frauenseite unterteilt ist. Die strenge Unterteilung findet lediglich in den Eckfiguren der Südseite eine kleine Ausnahme. Hier treten uns in der obersten Reihe mit dem Evangelisten Lukas und einer Figur, die den Ärztepatron Kosmas darstellen könnte, auf der Frauenseite zwei Männergestalten entgegen.

Nach dem ursprünglichen Plan sollten die Ecken der Wimpergreihe eigentlich mit den vier Evangelisten besetzt werden. Dementsprechend findet Lukas auf der Nordseite mit Markus sein Gegenüber. Der Ausbruch einer Pestepidemie um 1473 veränderte jedoch die Konzeption. An die Stelle von Matthäus und Johannes, die den westlichen Abschluss bilden sollten, traten zwei andere Figuren, bei denen es sich möglicherweise um die Zwillingsbrüder Kosmas und Damian, Patrone der Ärzte, Apotheker und Kranken, handeln könnte.

An den hohen Rückwänden des Chorgestühls befinden sich Gestalten des Alten Testaments. Die Halbfiguren in den Spitzbogen der Baldachine repräsentieren Persönlichkeiten des Neuen Bundes, Apostel, Heilige und Märtyrer.

Einen besonderen Akzent setzen die fast lebendgroßen charakterreichen Pultwangenbüsten aus hartem Eichenholz. Die auf der Südseite dargestellten Sibyllen waren antike Seherinnen und Priesterinnen, deren Orakel zumeist mehrdeutig erfolgte. Sie werden nicht namentlich als Einzelpersön-

Teilansicht des südlichen Dorsale.

Libysche Sibylle auf der Südseite des Chorgestühls.

lichkeiten vorgestellt. Vielmehr erscheinen sie als Vertreterinnen einer Orakelstätte, nach der ihre Bezeichnung erfolgt.

Der Sibyllenreigen beginnt im Osten mit Phrygia, die ebenso wie ihre Kolleginnen nicht in antike Gewänder, sondern in bürgerliche Kleidung des späten 15. Jahrhunderts gehüllt ist. Die Seherin, die eine Schriftrolle in der rechten Hand hält, vertritt das Orakel von Phrygien in Kleinasien unweit der heutigen türkischen Stadt Ankara.

Der Durchgang zur Bessererkapelle wird von Cimeria und Cumana flankiert, die beide ein Buch in den Händen halten. Ihnen folgen nach Westen hin Hellespontica und Tiburtina. Die hellespontische Sibylle, deren Wirkungsstätte der Überlieferung zufolge an der Küste Kleinasiens angesiedelt war, ist als junge Frau dargestellt. Sie trägt ein prächtiges Gewand und eine anmutige Kopfbedeckung, um die sich zart ihr fein geflochtener Zopf legt. Ihr Gegenüber ist die betagte Tiburtina aus Tibur, dem heutigen Tivoli bei Rom. Tiefe Falten im Gesicht kennzeichnen sie als Frau im letzten Lebensabschnitt, die sowohl Lebenserfahrung als auch Altersweisheit verkörpert.

Die Reihe der variationsreichen Sibyllenbüsten endet im Westen mit Persica, der auf der Männerseite der römische Dichter Vergil gegenübergestellt ist. In dieser Darstellung wurde häufig ein Selbstbildnis Jörg Syrlins d. Ä. vermutet und die Büste der Persica entsprechend als Verkörperung seiner Frau interpretiert. Allerdings gibt es keine Anhaltspunkte, die diese These untermauern könnten.

Die Wangenbüsten der nördlichen Chorseite stehen denen der südlichen in nichts nach. Die Figuren der antiken Gelehrten zeichnen sich ebenso wie die der Sibyllen durch ihre Lebendigkeit und ihre individuelle Gestaltung aus.

Das erste Paar bilden im Westen der Männerseite der griechische Philosoph Secundus und der wortgewaltige römische Rhetoriker Quintilian. Ihnen folgen mit Seneca und Ptolemäus zwei weitere hochrangige Persönlichkeiten des Altertums. Der Philosoph, Staatsmann und Dichter Seneca war Lehrer Kaiser Neros und wurde von diesem 65 n. Chr. zum Selbstmord gezwungen. Die Ulmer Wangenbüste zeigt den Philosophen im Angesicht des Todes. In seiner rechten Hand hält er ein Messer, mit dem er sich die Pulsadern aufschneidet. Sein Gegenüber, der um 100 n. Chr. geborene Mathematiker, Geograph und Astronom Ptolemäus, hält in seiner rechten Hand einen Zirkel, in der linken die Weltkugel.

Am dritten Zugang der Nordseite stehen sich zwei Persönlichkeiten der römischen Antike gegenüber, die allerdings keine Zeitgenossen waren: der um 158 v. Chr. verstorbene Dichter Terenz und Cicero, der berühmteste Redner Roms, der 106 v. Chr. in Arpinum geboren wurde.

Der Zyklus der nördlichen Wangenbüsten schließt im Osten mit Pythagoras ab. Der griechische Mathematiker erscheint hier als Lautenspieler, der verzückt den Tönen seines Instrumentes lauscht. Diese Art der Darstellung ist der weit verbreiteten Ansicht geschuldet, Pythagoras wäre der Begründer der Musik gewesen.

In der reichen Fülle des Chorgestühls verbergen sich liebevoll verspielte Details, die angesichts der ausdrucksstarken Schnitzfiguren der Pultwangen, Dorsale und Wimperge nicht sofort ins Auge springen. Dabei verdienen die heiteren Misericordien an den Klappsitzen und die phantasievollen Knäufe ganz besondere Beachtung. Sie setzen in Form von Fabelwesen, höhnischen Fratzen, Gnomen, Tieren, Menschen und Mischgestalten, die das Böse vertreiben sollen, eine besondere Note.

---

(1) Fabri, S. 75.
(2) Fabri, S. 75/77.

DIE CHORFENSTER

Sechs der neun Chorfenster, von denen die meisten mehr als 15 Meter hoch sind, konnten sich ihre alte gotische Farbverglasung bewahren. Die Glasmalereien aus der Zeit von 1390 bis 1480 überstanden nicht nur zahlreiche Unwetter, sondern auch die Luftangriffe während des Zweiten Weltkrieges. Ihr Erhalt ist ganz wesentlich der Umsicht des Münsterbaumeisters Karl Friederich zu verdanken. Denn er veranlasste während des Krieges die sichere Verwahrung der mittelalterlichen Glasmalereien in der ehemaligen Gruft der Familie Neithardt unter dem nördlichen Chorturm.

Das älteste Fenster des Ulmer Münsters ist das Annen-Marien-Fenster, das von der Weberzunft gestiftet wurde und um 1390 in der Werkstatt des Ulmer Künstlers Jakob Acker entstand. Von vielerlei Architekturelementen und musizierenden Engeln begleitet präsentiert das weit gespannte Panorama die biblischen Berichte von Marias Geburtslegende bis zu Jesu Taufe im Jordan. Der obere Teil des Fensters bezieht

Christi Auferstehung im Ratsfenster in der Mittelachse des Chores.

Die Chorfenster stammen überwiegend aus der Erbauungszeit des Münsters.

sich auf Marias Eltern Anna und Joachim, denen trotz ihres gottgefälligen Lebens erst nach zwanzigjähriger Ehe ein Kind beschert wurde. Liebevoller Wirklichkeitssinn unterstreicht die Darstellungen, die auch Alltagsszenen wie eine kochende Magd umfassen. Maria wird nach der Geburt im Bad gewaschen, erscheint beim Opfer im Tempel, wo man ihr in der folgenden Szene als Jungfrau am Webstuhl begegnet – ein Akzent, der gleichzeitig auf die Weberzunft als Stifterin des Fensters verweist.

Der untere Bereich des Fensters widmet sich der Heiligen Familie. Der Zyklus beginnt mit der Verkündigung von Jesu Geburt durch den Erzengel Gabriel und reicht bis zu seiner Kindheitsgeschichte. Die Abschlusszeile, die nicht mehr vollständig im Original erhalten ist, umfasst die Begebenheiten nach der Rückkehr aus Ägypten und vollendet sich mit der Taufe im Jordan.

Auch das Johannesfenster, das um 1400 entstand, geht auf die Werkstatt der Ulmer Künstlerfamilie Acker zurück. Es nimmt Bezug auf zwei unterschiedliche Persönlichkeiten des Christentums, die beide den Namen Johannes tragen und in der mittelalterlichen Kunst häufig gemeinsam auftreten.

Das Kramerfenster stammt aus der Werkstatt Peter Hemmels von Andlau.

Die obere Hälfte der Verglasung berichtet von Johannes Baptist, der als Prediger und Täufer am Jordan in Erscheinung trat. Auch Jesus empfing von ihm die Taufe, wobei Johannes den Messias in ihm erkannte. Die Szene, die auf der linken Seite dargestellt ist, zeigt Jesus betend im Wasser, während ihm der Täufer segnend die Hand an die Stirn legt. Eine Taube als Symbol des Heiligen Geistes senkt sich auf den Kopf des Täuflings herab. Von oben betrachtet Gottvater das Geschehen. Sein Spruchband trägt die biblischen Worte: »Hic est filius meus dilectus.«

Die untere Hälfte erinnert an den Evangelisten Johannes, der sowohl die Marter im siedenden Öl als auch den Giftbecher unversehrt überlebte.

Eine weitere Schöpfung der Werkstatt Acker ist das Marien-Freuden-Fenster, das ebenso wie das Annen-Marien-Fenster auf eine Stiftung der Ulmer Weberzunft zurückgeht.

Vor einem gotischen Architekturpanorama breiten sich die einzelnen Szenen aus, wobei die Figuren von unten nach oben stetig anwachsen. In fließend weicher Bewegung werden die fünf Freuden Marias

Das Medaillonfenster an der Südseite des Chors.

wiedergegeben, die mit Jesu Geburt im unteren Bereich des Fensters beginnen und in Marias Himmelfahrt gipfeln.

Neben dem Marien-Freuden-Fenster erhebt sich an der Südseite des Chors das Medaillonfenster, dessen Stifter ebenso unbekannt ist wie sein Urheber, der möglicherweise in der Acker-Werkstatt zu suchen sein könnte.

Auffällig breite, mehrfach untergliederte Rahmen umfangen die Medaillons, die verschiedene in sich abgeschlossene Szenen des Evangeliums darstellen. Die in kraftvollen Tönen gehaltenen Bilder sind voller Ausdrucksstärke und bestechen durch liebevolle Detailgenauigkeit, die auch den banalen Alltagsgegenständen Raum gewährt. Die Umrahmung der Medaillons besteht aus mehreren Ringen, zwischen denen sich neben feinen Schmuckornamenten stellenweise auch Apostel und Propheten befinden.

Das Ratsfenster in der Mittelachse des Chors und das in nördlicher Richtung anschließende Kramerfenster verraten eine vollkommen andere künstlerische Handschrift, wenngleich ihre Entstehungszeit ebenfalls auf das 15. Jahrhundert zurückgeht. Die vom Rat der Stadt Ulm und der Krämerzunft gestifteten Fenster entstanden erst 1480 und sind damit einige Jahrzehnte jünger als die anderen gotischen Verglasungen des Chors. Sowohl das Rats- als auch das Kramerfenster entstammen der Straßburger Werkstatt des Peter Hemmel von Andlau, die auch für die Tübinger Stiftskirche sowie die Münster von Freiburg und Straßburg Verglasungen schuf. Mit Peter Hemmel von Andlau, der um 1420 geboren wurde, erlebte die Glasmalerei einen künstlerischen und handwerklichen Höhepunkt, der sich nicht zuletzt in der herrlichen Leuchtkraft seiner Farbgebung manifestiert. Die hohe Qualität zeigt sich auch in der enormen Wirklichkeitsnähe, die den Glasmalereien aus Hemmels Werkstatt besondere Tiefe verleiht. Die ungemein lebhafte Mimik der dargestellten Personen mit ihren formvollendet ausgearbeiteten Gesten, Haaren, Bärten und Gewändern korrespondiert mit der realitätsnahen Ausführung von Pflanzen und Tieren. Ein besonders schönes Beispiel findet sich im Kramerfenster, wo Marias Begegnung mit Elisabeth von zwei kleinen Häschen begleitet wird.

Neben den sechs gotischen Fenstern beherbergt der Chorraum drei Werke von Gottfried von Stockhausen, die zwischen 1955 und 1956 entstanden und vom Münsterbauverein gestiftet wurden. Die modernen Farbverglasungen fügen sich harmonisch in den Reigen der mittelalterlichen Chorfenster ein, ohne ihre moderne Herkunft zu verleugnen. In allgemein verständlicher Sprache und in klaren Bildern zeichnet der 2010 verstorbene Künstler »Die sieben Bilder von der Kirche im Neuen Testament«, »Die sechs Werke der Barmherzigkeit« und das Tauffenster.

DER CHORALTAR

1400 erhielt der Chor erstmals einen Hochaltar, der jedoch bereits wenige Jahrzehnte später durch einen neuen ersetzt wurde. Er stellte gleichsam den Höhepunkt und die Vollendung der Chorraumneugestaltung des späten 15. Jahrhunderts dar und schloss das aus Chorgestühl und Dreisitz bestehende Ensemble nach Osten ab. Jörg Syrlin d. Ä. schuf 1473 den Schrein, Michel Erhart in der Folgezeit etliche Figuren. Allerdings war auch diesem Hochaltar nur wenig Zeit beschieden. Wie viele Kunstwerke des Ulmer Münsters ging er 1531 im reformatorischen Bildersturm verloren. Ein Altaraufriss, der sich heute im Besitz des Landesmuseums Württemberg in Stuttgart befindet, vermag uns jedoch einen Eindruck seiner einstigen Pracht zu geben.

An seiner Stelle steht seit 1808 der nach seinem Stifter Laux Hutz benannte Hutzaltar, der zu den wenigen Münsteraltären zählt, die den Bildersturm überlebten. Die prächtigen Schnitzfiguren des etwa 1,60 auf 1,80 Meter großen Schreins stammen von

Der Hutz-Altar im Chor.

Links: Detailansicht des Choraltars mit Maria und dem Jesuskind. Rechts: Detailansicht des Choraltars mit Anna. Im Hintergrund ihr zweiter und ihr dritter Ehemann.

einem unbekannten Künstler. Im Vordergrund sitzen sich Maria und ihre Mutter Anna auf goldornamentierten Stühlen gegenüber. Jesus, der auf dem Schoß seiner Mutter thront, hat die Hand zu Anna ausgestreckt, die seine Geste erwidert. Hinter Maria stehen Joseph und ihr Vater Joachim, hinter Anna ihr zweiter Gemahl Cleophas und ihr dritter Ehemann Salomas.

Die Innenseiten der gemalten Altarflügel setzen die Darstellung der Heiligen Sippe fort. Auf der rechten Seite sind die Nachfahren aus Annas Ehe mit Cleophas zu sehen. Marias Halbschwester Maria Cleophae stillt das jüngste ihrer vier Kinder, während der drittgeborene Sohn zu ihren Füßen spielt. Die beiden älteren Jungs wenden sich lebhaft ihrem vornehm gekleideten Vater Alphäus zu. Hinter ihm erhebt sich eine schlanke Säule aus rotem Marmor mit üppiger Kapitellgestaltung, an deren Rundung ein kleines Inschriftentäfelchen angebracht ist. Hier hat der Künstler seine Urheberschaft mit den Worten »Anno Domini« sowie der Jahreszahl 1521 verewigt und mit seinen verschlungenen Initialen MS signiert. Die Altarflügel des Sippenaltars stammen also von dem Ulmer Stadtmaler Martin Schaffner.

Der linke Altarflügel setzt die Darstellung der Heiligen Sippe mit Maria Salome, der Tochter aus Annas dritter Ehe, fort. Ebenso wie ihre Halbschwester auf dem rechten Altarflügel ist sie im Kreis ihrer Familie zu sehen. Im Hintergrund beugt sich ihr verstorbener Ehemann Zebedäus aus dem Fenster, in dessen Bogen das Hutzwappen zu sehen ist, ein Hundekopf zwischen zwei ausgebreiteten Fledermausschwingen. Zebedäus trägt die Züge des Altarstifters Laux Hutz, der sich hier als Mitglied der Heiligen Sippe verewigen ließ.

Auch dieser Flügel zeigt eine heitere, unbeschwerte Familienszene, die sich vor einer interessanten Renaissancekulisse abspielt. Beide Altarflügel stecken voller anmutiger Details, die das Bild des familiären Alltags zusätzlich unterstreichen: Gebrauchsgegenstände des täglichen Lebens liegen scheinbar vergessen auf den Tischen; eines der Kinder reitet auf einem Steckenpferd, ein anderes präsentiert seinem Vater ein Schreibtäfelchen mit Schreibübungen.

Alle Personen tragen einen zarten Heiligenschein mit ihrem Namen, wodurch die einzelnen Mitglieder der Heiligen Sippe zuverlässig identifiziert werden können. In Annas Enkelsöhnen sind die nachmaligen Apostel Jakobus d. J., Simon von Kana, Judas Thaddäus, Jakobus d. Ä. und Johannes zu erkennen sowie Joseph, der später den Beinamen Justus erhielt.

Die Predella, die ebenfalls auf Martin Schaffner zurückgeht, zeigt eine Darstellung des letzten Abendmahls, das Jesus mit seinen Jüngern feierte. In der Mitte hinter der langen Tafel sitzt Christus, zu dessen Seiten sich die Jünger gruppieren. In deren Reihen hat der Ulmer Stadtmaler Martin Schaffner ein Selbstbildnis hinterlassen.

Die Predella des Choraltars stammt von Martin Schaffner.

DIE BESSERERKAPELLE

In der zweiten Hälfte des 15. Jahrhunderts wurden im Auftrag ortsansässiger Patrizierfamilien mehrere kleine Privatkapellen in den bis dato noch unvollendeten Münsterbau eingefügt beziehungsweise in seinem direkten Umfeld errichtet. Zwischen die Strebepfeiler des Südturms und des Chors schmiegt sich die filigrane Hauskapelle der einflussreichen Patrizierfamilie Besserer, die mehrere Ulmer Bürgermeister stellte.

Felix Fabri bescheinigt dem bedeutenden Geschlecht sowohl »edle Gesinnung« als auch »Treue, Rechtschaffenheit und Beständigkeit«[1] und erwähnt ihr stetes Bemühen, »das Gemeinwesen der Ulmer mit Klugheit, Reichtümern und Energie weiter zu verbessern«.[2]

Als Stifter der kleinen Grabkapelle tritt uns der 1414 verstorbene Heinrich Besserer entgegen. Seine Stiftung erfolgte zwar kurz vor seinem Tod, der Bau kam jedoch erst einige Jahre später zur Ausführung. Es bleibt daher fraglich, inwieweit die Planung auf den zum Zeitpunkt der Stiftung tätigen Münsterbaumeister Ulrich von Ensingen zurückgeht. Mit einiger Sicherheit lässt sich jedoch sagen, dass die um 1429/30 erfolgte Ausführung von seinem Schwiegersohn und Nachfolger Hans Kun, der bereits 1417 als Kirchenbaumeister in Ulm erwähnt wird, ausgeführt wurde.

Das polygonale Chörlein der Bessererkapelle.

An der Südseite des Chors führt eine unscheinbare Pforte zwischen dem Chorgestühl in die Bessererkapelle. Über dem Eingang erinnern die Jahreszahl 1414 und das Bessererwappen an den Stifter Heinrich Besserer. Daneben befanden sich früher die hölzernen Totenschilde für seine Nachfahren Heinrich (gest. 1431) und Jos (gest. 1473), die heute im Kapelleninneren untergebracht sind.

Ende des 19. Jahrhunderts stiftete die Familie ein Chorfenster über der Kapellenpforte, das am 11. November 1883 anlässlich des 400. Geburtstags von Martin Luther gleichzeitig mit dem frisch renovierten Chor eingeweiht wurde. Wie alle Neuverglasungen aus der Zeit zwischen 1877 und 1910 fiel das Bessererfenster jedoch 1944 einem schweren Luftangriff zum Opfer, der weite Teile der einstigen Reichsstadt in Schutt und Asche legte. An seine Stelle trat 1956 Gottfried von Stockhausens Werk »Die sieben Bilder von der Kirche im Neuen Testament«, das sich trotz seiner modernen Gestaltung harmonisch in den Chor einfügt, ohne seine Entstehungszeit zu verleugnen.

Die schlichte, kleine Bessererkapelle verfügt mit ihren wunderbaren Glasfenstern, die überwiegend der Erbauungszeit entstammen, über einen ganz besonderen kunsthistorischen Schatz, was insbesondere auf die Verglasung des polygonalen Chörleins zutrifft. Der Schöpfer dieser herrlichen Werke konnte bis heute nicht mit Sicherheit identifiziert werden. Sie weisen signifikante Ähnlichkeiten zu einem Fenster des Berner

Die farbenprächtigen Fenster des Chörleins präsentieren die Heilsgeschichte.

Kruzifix auf dem Altar des Chörleins.

Münsters auf, für dessen Anfertigung ein Meister Hans von Ulm 1440 entlohnt wurde. Das legt den Verdacht nahe, dass es sich bei dem erwähnten Meister um den Ulmer Hans Acker handelt, in dessen Werkstatt unter anderem das Marien-Freuden-Fenster im Chor des Münsters entstand. Allerdings gingen Experten zeitweise davon aus, dass es sich bei dem Urheber der Chörleinscheiben um einen namentlich nicht bekannten Glasmaler aus Flandern handelt, was mittlerweile jedoch als überholt gilt.

Der ursprüngliche Bestand blieb jedoch nicht gänzlich erhalten. Aufgrund des Einbaus von Lüftungsflügeln im 19. Jahrhundert gingen sieben Scheiben verloren. Diese ersetzte Gottfried von Stockhausen, der 1970 bis 1985 den einzigen in Deutschland existierenden Lehrstuhl für Glasmalerei bekleidete, 1964/65 durch moderne Exemplare. Deutlich ist die unverwechselbare Handschrift des Künstlers, die uns in etlichen weiteren Fenstern des Münsters begegnet, zu erkennen. Gleichwohl entstand hier kein Kontrast zu den Scheiben aus dem 15. Jahrhundert, sondern eine gelungene Ergänzung, die die anschaulichen spätgotischen Darstellungen des Alten und Neuen Testaments aufgreift und durch neuzeitliche Akzente bereichert.

Die farbenprächtigen Fenster des fünfeckigen Chörleins präsentieren in klaren und allgemein verständlichen Bildern voll intensiver Leuchtkraft und mit viel Liebe zum Detail das Heilsgeschehen von der Erschaffung der Welt bis zu Mariens Tod und Himmelfahrt.

Der Zyklus, der vierzig in sich geschlossene Szenen umfasst und im Maßwerk von musizierenden Engeln sowie Bessererwappen begleitet wird, beginnt im nördlichen Fenster des Chörleins mit der Schöpfungsgeschichte. Die erste Scheibe zeigt Gottvater mit gütigem Gesicht und wallendem Rauschebart. In seiner Hand hält er die Weltkugel. Daneben erleben wir Luzifers Fall, der aufgrund seiner Anmaßung, sich Gott gleichzustellen, von zwei Engeln aus dem Himmel vertrieben wird.

Es folgt die Darstellung der sechs Schöpfungstage, wobei die Erschaffung der Tiere durch ungemein lebensnahe Bilder von Fischen und Vögeln versinnbildlicht wird.

Das Bildprogramm des nördlichen Chörleinfensters endet mit der Erschaffung des Menschen. Die Scheibe, in deren Mittelpunkt Adam und Eva in paradiesischer Unschuld stehen, zählt zu jenen, die Gottfried von Stockhausen Mitte des 20. Jahrhunderts für die Bessererkapelle entwarf.

Das nordöstliche Fenster setzt den Kanon der alttestamentarischen Geschichte fort. Die ersten drei Scheiben berichten vom Sündenfall, der Vertreibung aus dem Paradies und von Kains Mord an seinem Bruder Abel.

Zu den bemerkenswertesten Darstellungen der lebensnahen spätgotischen Scheiben zählt das Bild von Noah auf der Arche, die kraftvoll den aufgepeitschten Wellen des Meeres trotzt, während die von Noah ausgesandte Taube mit einem frischen Ölzweig im Schnabel zurückkehrt. Die Szene präsentiert ein interessantes architektonisches Detail: Bei dem Türmchen, aus dem Noah herausschaut, handelt es sich um ein Ulmer »Guckerhürle«, einen kleinen viereckigen Turm auf dem Dachfirst, wie man ihn in der Reichsstadt früher häufig antraf. Von diesem Beobachtungsposten aus konnte der Ausbruch eines Feuers frühzeitig entdeckt werden, was größere Stadtbrände verhinderte.

Die Darstellung des »Guckerhürles« könnte ein Hinweis auf den unbekannten Schöpfer der Glasmalereien im Chörlein sein. Denn sie spricht eher für einen Ulmer als für einem flandrischen Künstler. Letzterem dürfte diese architektonische Spezialität wohl nicht unbedingt geläufig gewesen sein, wenngleich andererseits glasmalerische Aspekte auf ihn verweisen.

Die folgenden drei Fenster sind der Geburts- und Passionsgeschichte Jesu gewidmet. Das Ostfenster präsentiert die Verkündigung von Christi Geburt an Maria, ihre Begegnung mit Elisabeth und schließlich die Geburt des Heilands im Stall zu Bethlehem. Neugierig schauen Ochs und Esel in die Krippe mit dem Neugeborenen, während sich die junge Mutter, der die Strapazen der Geburt nicht anzusehen sind, über ihr Kind beugt. Über dem Stall, gleichsam im Hintergrund, erkennt man einen wesentlich kleiner ausgeführten Hirten mit seiner Schafherde, dem ein Engel die frohe Botschaft verkündet.

Besondere Beachtung verdient die linke untere Scheibe des Ostfensters, die auf Gottfried von Stockhausen zurückgeht und den zwölfjährigen Jesus im Tempel zeigt. Der Künstler, dessen Werk sich überwiegend durch dezente Farben und Formen auszeichnet, versprüht hier eine ungewöhnliche Leuchtkraft und Bewegungsfülle. Damit kommt er der bunten Lebendigkeit der spätgotischen Scheibe so nahe, dass der moderne Ersatz auf den ersten Blick kaum zu erkennen ist.

Im südlichen Fenster des Chörleins findet die Passionsgeschichte mit der Kreuzigung, der Auferstehung und der Himmelfahrt Jesu ihre Vollendung. Die letzte Scheibe des Zyklus, der man den restaurativen Eingriff des 19. Jahrhunderts deutlich

Christuskopf im Gewölbe der Bessererkapelle.

ansieht, hat den Tod Mariens zum Inhalt. Neben der bleichen Muttergottes, die in ein weißes Gewand gehüllt mit geschlossenen Augen und gefalteten Händen auf dem Bett liegt, kniet Petrus. Interessant ist, dass er eine auf die Nase gesetzte Brille ohne Bügel trägt. Derartige Sehhilfen waren zwar seit Ende des 13. Jahrhunderts in Europa gebräuchlich, dennoch begegnen wir hier der ältesten bekannten Darstellung eines Brillenträgers auf einer Glasscheibe.

Das Südfenster der Bessererkapelle, das ebenfalls um 1430 entstand und meisterhaft in den Strebepfeiler des Südturms eingefügt wurde, zeichnet sich ebenso wie die Fenster des Chörleins durch seine hervorragende künstlerische Qualität aus. Auch hier erleben wir detailreiche Darstellungen von großer Tiefe und Intensität in strahlenden warmen Farben. Das alleinige Thema des Fensters ist das Weltgericht, was bereits durch die im Maßwerk dargestellten Engel, die Marterwerkzeuge für die Verdammten bereithalten, anklingt. Im Vordergrund steht Jesus auf einer Wolkenmandorla als Weltenrichter mit einem zweischneidigen Schwert. Auf der Scheibe darunter treten uns Maria und Petrus als Fürsprecher entgegen – eine ungewöhnliche Kombination, da gemeinhin Johannes der Täufer an der Seite der Muttergottes als Fürbitter erscheint.

Zur Rechten und Linken der Fürsprecher haben sich die Apostel versammelt, in deren Reihen Hans Acker angeblich ein Selbstbildnis hinterlassen haben soll.

Auf der untersten Darstellungsebene des Südfensters blasen Posaunenengel zum Gericht, während sich die Gräber zu ihren Füßen öffnen und die Toten hervorkommen. Die demütig betenden Gerechten werden von Engeln in den Himmel geleitet, während Teufel die Verdammten ins Höllenfeuer schleppen.

Das kleine Ostfenster der Bessererkapelle ist nicht durchgängig farbig verglast, sondern birgt neun bunte Einzelscheiben. Die Heiligendarstellungen aus der Zeit um 1480 stammen aus der Werkstatt Peter Hemmels von Andlau, auf die auch das Ratsfenster in der Mittelachse des Chors zurückgeht.

Die erste Scheibe zeigt die heilige Katharina und die heilige Barbara in den für Hemmels Werkstatt typischen intensiven Farben. Die beiden Märtyrerinnen, deren Existenz historisch nicht gesichert ist, werden häufig gemeinsam dargestellt.

Katharina von Alexandria trägt als Zeichen ihrer königlichen Würde eine Krone und prächtige Gewänder. Die Legende schildert sie als eine hoch gebildete Königstochter, der es in einem gelehrten Disput gelang, fünfzig römische Philosophen vom Christentum zu überzeugen. Daraufhin verurteilte sie der erzürnte Kaiser zum Tod durch das Rad, das jedoch durch himmlische Blitze zerstört wurde. Daher vollzogen die Henker die Hinrichtung durch das Schwert. Die beiden Marterwerkzeuge sind die wichtigsten Attribute der Heiligen, die zuweilen auch mit einem Buch dargestellt ist, das an ihre Gelehrsamkeit erinnern soll.

Die heilige Barbara, mit einem dunkelvioletten Gewand und einem tiefgrünen Umhang bekleidet, hält in ihrer linken Hand eine Pfauenfeder. Neben ihr ist ein Turm zu erkennen, der ebenso wie die Pfauenfeder an ihr Martyrium gemahnt. Ihrer legendarischen Vita zufolge wurde sie von ihrem »heidnischen« Vater in einem Turm eingesperrt. Durch ein geschicktes Täuschungsmanöver gelang es ihr jedoch, ihr Gefängnis mit einem dritten Fenster als weithin sicht-

Heilige Katharina, heilige Barbara und heiliger Hieronymus mit dem Löwen im Ostfenster.

barem Symbol der Dreieinigkeit versehen zu lassen. Nach einem erfolglosen Fluchtversuch schleppte sie der erboste Vater vor den Statthalter Marcianus, der die junge Frau auf das Grausamste foltern ließ, ehe sie schließlich von ihrem eigenen Vater enthauptet wurde. Eines ihrer Attribute, die Pfauenfeder, erinnert an ihre Aussage, die Geißelung durch die Schergen des Statthalters habe sie wie die Berührung einer Pfauenfeder empfunden. Der 4. Dezember soll ihr Todestag gewesen sein, wodurch der Brauch entstand, am »Barbaratag« von Obstbäumen so genannte Barbarazweige zu schneiden, denen man nachsagt, dass sie bis Weihnachten blühen.

Im Gegensatz zu den beiden christlichen Märtyrerinnen ist der heilige Hieronymus, auf den sich die folgende Scheibe bezieht, historisch fassbar. Der altchristliche Kirchenlehrer ist seinem vermeintlichen Rang entsprechend in roter Kardinalstracht dargestellt. Die Schreibstube, in der er sich aufhält, weist ihn als großen Gelehrten aus, auf den ein umfangreiches literarisches Werk zurückgeht. Der Löwe zu seinen Füßen erinnert an die so genannte Löwenlegende. Sie berichtet, dass Hieronymus dem hinkenden Tier einen schmerzhaften Dorn aus der Tatze entfernt haben soll, woraufhin diese angeblich zum lammfrommen Haustier mutierte.

Bei den weiteren sieben Scheiben des Ostfensters handelt es sich um Wappenscheiben Ulmer Patrizierfamilien, in deren Reihen die Besserer naturgemäß stark vertreten sind.

Wie in einer Privatkapelle nicht anders zu erwarten, betonen zahlreiche – teils farbige und plastische – Wappendarstellungen die Bedeutung des angesehenen Ulmer Geschlechts. Das Wappen der Besserer zeigt einen silbernen Deckelbecher auf schwarzem Grund. Die Helmzier besteht aus zwei emporgereckten Armen, deren Hände einen weiteren Deckelbecher nach oben halten.

Auch die Grabsteine in der kleinen, zierlichen Privatkapelle sind mit dem Bessererwappen versehen. An einigen Stellen treten ihm die Wappen anderer hoch stehender Ulmer Patrizierfamilien zur Seite und verweisen auf die engen verwandtschaftlichen Beziehungen beispielsweise zu den Ehinger und zu den Krafft. So erinnert an der Ostwand das Allianzwappen beider Familien an den 1613 verstorbenen Heinrich Besserer und seine Gattin Johanna geborene Ehinger.

Die beiden Scheiben des Chörleins zeigen den Brudermord und die Arche Noah.

An der nördlichen Kapellenwand gleich rechts neben dem Eingang befindet sich die bronzene Grabplatte von Bernhard Besserer, der 1542 in der Privatkapelle beigesetzt wurde. Die Inschrift würdigt sein entschiedenes Eintreten für die Einführung der Reformation und seine Bedeutung als neunmaliger Bürgermeister von Ulm: »anno domi 1542 auff den 21. tag des monats novembris ist der edel ernvest fursichtig und weys Bernhart Besserer bürgermaister zv vlm von diser welt in got dem hern vngezweyfelter hoffnung ainer frewdenreychen uffrsetehung dvrch vnseren ainigen hayland vnsern herrn ihesvm Christvm seliglichen verschiden.«

Seinem Vorfahren Heinrich Besserer ist der Grabstein aus rotem Marmor an der südwestlichen Ecke der Westwand gewidmet. Die kunstvolle Umschrift des Steins erinnert an den Tod des Kapellenstifters »an dem nasten aftermentag vor sant margretentag« im Jahr 1414.

Über dem Marmorgrabstein fanden die hölzernen Totenschilde seiner Nachkommen Heinrich und Jos Besserer, die ursprünglich im Chor über der Eingangspforte zur Bessererkapelle untergebracht waren, einen neuen Platz. Ihre Inschriften informieren über den jeweiligen Todestag: »Anno dm MCCCCXXXI da starb hainrich beserer am svnentag vor vnser fravventag ds empfangen ward am herbst.« Gemeint ist der 2. Dezember 1431. Und: »Anno dm MCCCCLXXIII da starb ios beserer am gvotemtag nach deß halgen critz tag.« Er starb am 24. Mai 1473.

Obwohl zahlreiche Wappendarstellungen, Grabplatten und Totenschilde an die Familie erinnern, begegnet man in der Bessererkapelle nur wenigen bildlichen Darstellungen, die Familienmitglieder präsentieren. In der Vergangenheit war die diesbezügliche Ausstattung allerdings etwas reicher. Denn bis 1940 beherbergte die kleine Privatkapelle das bemerkenswerte Porträt Eitel Besserers, der vermutlich 1533 starb. Das 31 x 45 Zentimeter große Ölgemälde des Ulmer Malers Martin Schaffner, das sich heute im Ulmer Stadtmuseum befindet, zeigt den nicht mehr ganz jungen Patrizier mit mächtigem grauen Rauschebart und einer auffälligen, prächtigen Pelzmütze. In seinen Händen hält er einen Rosenkranz mit Betnuss als Hinweis auf seine tiefe Frömmigkeit.

Auch das Familienporträt über der Eingangspforte, das aufgrund der bescheidenen Lichtverhältnisse und wegen seiner Platzierung kaum ins Auge sticht, verweist auf die religiöse Verwurzelung der Besserer. Im Mittelpunkt der Szene steht der gekreuzigte Heiland. Zu seiner Linken haben sich Heinrich Besserer (gest. 1520) und seine vier Söhne, die aus der Ehe mit Dorothea Lieber hervorgingen, versammelt. Die Hände zum Gebet gefaltet sind sie auf die Knie gesunken. Das Bessererwappen und der wertvolle Pelzkragen des Vaters kennzeichnen den hohen Stand der Dargestellten.

Heinrichs Söhne erwarben als Erwachsene wichtige Ämter. Sebastian (gest. 1554) wurde Bürgermeister und zeichnete sich besonders durch seine militärischen Fähigkeiten aus, als Ulm im Fürstenkrieg 1552 belagert wurde. Das Gemälde zeigt den kleinen, stämmigen Mann in einer dunklen Rüstung. Sein Blick richtet sich im Gegensatz zu dem des Vaters nicht zum Gekreuzigten, sondern auf den Betrachter. Aufgrund seines weißen Gewandes, das lediglich um die Schultern von einem schwarzen Umhang bedeckt wird, sticht Wolfgang Besserer (gest. 1559) unter den dunkel gekleideten Männern hervor. Er schlug den geistlichen Weg ein und wurde später Probst des Augustiner-Chorherrenstifts St. Michael zu den Wengen.

Auf der rechten Seite sieht man Dorothea, deren Wappen auf ihre familiäre Herkunft als geborene Lieber hinweist. Sie ist ebenso wie ihre Töchter ins Gebet vertieft. Sowohl die Mutter als auch zwei der Töchter tragen die seinerzeit für verheiratete Frauen übliche Haube. Vier weitere Töchter erscheinen im Nonnenhabit, da sie später den klösterlichen Weg wählten. Die drei jüngsten sind wesentlich kleiner als die anderen weiblichen Familienmitglieder dargestellt. Offensichtlich befinden sie sich noch nicht im Stand der Ehe, denn ihre langen, offenen Haare umspielen lieblich ihre prächtigen roten Gewänder.

Der reformatorische Bildersturm des Jahres 1531 verlief in Ulm aufgrund der Vorsorge des Rates zwar gemäßigter als in zahlreichen anderen Städten. Gleichwohl begegnet man seinen zerstörerischen Spuren nicht nur am Karg-Retabel des Südschiffs, sondern auch in der Bessererkapelle. Hier legt das steinerne Relief unter dem Südfenster ein beredtes Zeugnis von der Wucht des Bildersturms ab. Das Kunstwerk, das 1485 vom damaligen Münsterbaumeister Matthäus Böblinger signiert wurde, ist so stark beschädigt, dass es vom heutigen Betrachter nicht mehr als Geburtsrelief erkannt werden kann.

Der Rest der Südwand wird fast vollständig durch ein geschnitztes Kruzifix und seinen auf die Wand gemalten Hintergrund ausgefüllt. Das Schnitzwerk entstand um 1495/1500 in der Werkstatt des berühmten Bildhauers und Bildschnitzers Michel Erhart, zu dessen bedeutendsten Werken neben den Wangenbüsten des Chorgestühls der herrliche Hochaltar des ehemaligen Benediktinerlosters Blaubeuren zählt.

Familienporträt über der Eingangspforte der Bessererkapelle.

Das Kruzifix wurde zwar nicht von Erhart persönlich ausgeführt, zeigt aber die für seine Schule typische ausdrucksstarke Realitätsnähe. Blutige Wunden bezeugen den Leidensweg des Gekreuzigten. Die erlittene Qual spiegelt sich voller Intensität in seinem Gesicht, das die Schrecken der grausamen Hinrichtung nachvollziehbar macht.

Lediglich bei der Gestaltung des Lendenschurzes verzichtet der Künstler auf jegliche Annäherung an reale Gegebenheiten. Der kühne, weit ausgreifende Schwung, den er dem goldenen Tuch verleiht, widersetzt sich allen Gesetzen der Schwerkraft.

Während die 1,36 Meter große Figur des Gekreuzigten fast vollständig auf das 15. Jahrhundert zurückgeht, entstammt das mehr als zwei Meter hohe Kreuz wohl dem 19. Jahrhundert. Aber trotz seines relativ jungen Alters hat es die Zeit nicht unbeschadet überdauert. Die INRI-Tafel ging verloren und das Holzkreuz wurde am oberen und unteren Ende abgesägt.

Gleichwohl gibt es ein wichtiges Indiz dafür, dass dieses Kruzifix eigens für die Bessererkapelle angefertigt wurde. Für diese Annahme spricht die Hintergrundgestaltung, die das Kunstwerk harmonisch in ihrer Mitte umfängt und sich gleichzeitig an seinem Inhalt orientiert. Die von einem braunen »Rahmen« umgebene Wandmalerei wurde im 15. Jahrhundert auf den Putz aufgemalt. Sie ist allerdings so stark verwittert, dass nicht mehr alle Teile deutlich erkennbar sind. Während die Engelsdarstellungen auf beiden Seiten des Kreuzes einen guten Erhaltungszustand zeigen, können die Gestalten von Maria und Johannes allenfalls noch schemenhaft unter dem Kreuz wahrgenommen werden.

---

(1) Fabri, S. 161.
(2) Ebd., S. 159.

DIE NEITHARDTKAPELLE

Die Neithardtkapelle wurde 1437 von Pfarrer Dr. Heinrich Neithardt gestiftet.

»Die vornehme und angesehene Ulmer Familie Neithardt hat (...) bei den Norikern ihren Ursprung, einem uralten Stamm der Bayern, der einst von den Armeniern herkam; wir glauben, daß sie nicht nach den Lastern Zorn, Haß und Neid ihren Namen erhielt, da sie ja von Natur aus friedliche Menschen, umgänglich, gütig und gesprächsbereit sind.«[1]

Wenngleich Felix Fabri in seinem Bericht über die Familie Neithardt dem seinerzeit weit verbreiteten Irrtum unterliegt, die Bayern stammten aus Armenien, darf man sich seiner Einschätzung in puncto Bedeutung und Gelehrsamkeit des Geschlechts durchaus anschließen. Aus den Reihen der Neithardts gingen nicht nur etliche Ulmer Bürgermeister und Pfarrer hervor, sondern auch geistliche Würdenträger und äußerst erfolgreiche Kaufleute. Folgt man Fabris Einschätzung, hebt sich die Familie durch ihre besondere Bildung hervor. Denn, so notiert der Mönch, »sie übertrifft alle unendlich durch ihre Vortrefflichkeit des Geistes, die sich aus einer wissenschaftlichen Grundhaltung im Verein mit bestimmten Erfahrungen ergibt«.[2] Die lobenden Worte des Chronisten gipfeln in der Bemerkung: »Man hat nämlich den Eindruck, daß dieser Familie die Liebe zu den Wissenschaften erblich eingepflanzt ist.«[3]

Ebenso wie die Besserer ließen sich die Neithardt eine Privatkapelle als Ausdruck ihrer persönlichen Frömmigkeit errichten. Im

Gegensatz zur Bessererkapelle zeigt sich die Neithardtkapelle auf der Nordseite des Chors jedoch wesentlich weitläufiger, höher und heller. Sie fügt sich nicht elegant in den Münsterbau ein, sondern tritt mit ihren östlich gelegenen Bauteilen selbstbewusst zwischen den Pfeilern der nördlichen Chorseite hervor.

Die großzügig angelegte Neithardtkapelle besteht aus drei Hallen, die fast nahtlos ineinander übergehen. Der westliche Kapellenbereich wurde in das Untergeschoss des nördlichen Chorturms eingebaut. Daran schließen sich in östlicher Richtung zwei weitere Kapellenräume an.

Die 1437 erfolgte Kapellenstiftung geht auf den Ulmer Pfarrer Dr. Heinrich Neithardt d. Ä. (um 1375–1439) zurück und war mit der Einrichtung einer Krypta unter dem Nordturm verbunden. Dem Wunsch des Stifters entsprechend sollten hier die sterblichen Überreste seines Vaters, seiner Brüder und ihrer aller Nachfahren zur letzten Ruhe gebettet werden. Zwischen der Kapelle und der darunterliegenden Gruft gab es jedoch keine direkte Verbindung. Das Portal, das in die Neithardt'sche Krypta führte, befand sich an der Außenseite des nördlichen Chorturms.

Mit der Kapellenstiftung ging die Einrichtung einer umfangreichen Bibliothek einher, die im Turmgeschoss über der Familienkapelle untergebracht war. Dafür stellte Heinrich Neithardt d. Ä. seinen privaten Bücherbesitz zur Verfügung, der vor allem theologische Schriften und Publikationen zum Kirchenrecht beinhaltete.

Die bedeutende Bibliothek, die später durch weitere Stiftungen erweitert wurde, stand nicht nur Familienmitgliedern zur Verfügung, sondern konnte auch von Außenstehenden genutzt werden. Eine eigens erlassene Benutzerordnung regelte den Zugang.

Nachdem das Geschlecht 1658 mit Sebastian Neithardt im Mannesstamm erloschen war, verblieb der Bestand nicht dauerhaft in Ulm. Im Zuge der Neuordnung Europas durch Napoleon verlor Ulm 1802 seinen Status als freie Reichsstadt und fiel zunächst an Bayern. Aufgrund eines Gebietsaustausches ging die Stadt schließlich 1810 an das Königreich Württemberg über. Während Ulms achtjähriger Zugehörigkeit zu Bayern wurde ein Großteil der Neithardt'schen Bibliothek in den Alpenstaat verbracht.

Der Kapellenstifter Dr. Heinrich Neithardt d. Ä. erlebte die Realisierung der Familienkapelle nicht mehr. Es starb bereits 1439, fünf Jahre vor dem Beginn der Bauarbeiten.

Vermutlich wurde nur die Krypta von Kaspar Kun ausgeführt, der 1435 bis 1446 mit dem Münsterbau betraut war. Der Rest geht wohl auf seinen Nachfolger Matthäus Ensinger zurück, der vor seinem Amtsantritt in Ulm Münsterbaumeister in Bern gewesen war. Die Arbeiten an der Neithardtkapelle schritten allerdings nicht übermäßig zügig voran. Daher konnte ihre Weihe erst 1450 erfolgen.

Die »Mutter der Barmherzigkeit« stammt aus der Zeit um 1490.

Die dreiräumige Neithardtkapelle birgt wertvolle Kunstschätze.

Ursprünglich war die östliche Halle zum Chor hin offen und der westliche Raum durch eine Wand zum nördlichen Seitenschiff abgeschlossen. Erst nachträglich ermöglichte ein Mauerdurchbruch den direkten Zugang vom Nordschiff in die Neithardtkapelle. Dieser entstand vermutlich unter Matthäus Ensinger und dürfte somit in die Zeit zwischen 1446 und 1463 fallen.

Die dreiräumige Privatkapelle birgt neben etlichen anderen wertvollen Kunstwerken mehrere Altäre, die an die einstige Fülle von Altären im Münster gemahnen.

Zahlreiche, teilweise prächtig ausgeführte Totenschilde sowie im Boden eingelassene Grabplatten und Grabsteine an den Wänden erinnern an das gebildete und bedeutende Ulmer Patriziergeschlecht. Immer wieder trifft der Blick des Betrachters auf ihr Wappen, ein dreiblättriges schwarzes Kleeblatt auf schwarzem Stängel über drei schwarzen Bergen auf silbernem Grund.

Die westliche Halle, die etwas größer und höher als die anderen ist, besticht vor allem durch ihre reich geschnitzten Altäre aus dem 15. Jahrhundert. Der Sebastian-Altar auf der linken Seite geht auf eine 1469 erfolgte Stiftung des Ulmer Stadtschreibers Dr. Peter Neithardt, eines jüngeren Stiefbruders von Dr. Heinrich Neithardt d. Ä. zurück.

Im Mittelpunkt des Schreins, der von einem unbekannten Künstler stammt, steht der heilige Sebastian. Der Schutzpatron gegen Seuchen und die Pest wurde aufgrund seines christlichen Glaubens im Auftrag Kaiser Diokletians mit Pfeilen gemartert. Die plastische Darstellung zeigt den jugendlichen Märtyrer von Pfeilen durchbohrt. Seine Hände sind über dem Kopf an einen Baum gebunden.

Zu seiner Linken tritt uns der heilige Hieronymus in Begleitung seines zahmen Löwen entgegen. Der gelehrte Bischof, der häufig fälschlicherweise in Kardinalstracht dargestellt wird, hält ein aufgeschlagenes Buch in den Händen, dessen Seite er in diesem Augenblick umblättert.

Die Statue rechts neben Sebastian verkörpert den heiligen Valentin. Der Schutzpatron der Epileptiker trägt bischöfliche Pontifikaltracht. Zu seinen Füßen liegt ein an Epilepsie erkrankter Knabe.

Die Predella des Sebastian-Altars ist im Gegensatz zum Schrein nicht mit eleganten farbenprächtigen Statuen versehen. Vielmehr zeigt sie sich in ihrer Gestaltung wesentlich schlichter, wobei dezente Töne überwiegen. Die schnörkellose Malerei präsentiert in der Mitte einen Jesuskopf mit Dornenkrone, umgeben von zwei Neithardtwappen.

Auch die Stiftung des gegenüberliegenden Barbara-Altars geht auf Dr. Peter Neithardt zurück. Sie erfolgte zum Gedenken an seine Mutter, die ihren Namen zum Gedenken an die Heilige erhielt. Dabei handelte es sich um eine testamentarische Verfügung des 1485 verstorbenen Ulmer Stadtschreibers, die schließlich 1490 durch Pfarrer Heinrich Neithardt ausgeführt wurde.

Der rundbogige Altar ist mit zarten Renaissance-Ornamenten geschmückt und präsentiert sich in fröhlicher Beschwingtheit. Das Innere des Schreins erhielt eine leichte Wölbung, die den Eindruck erweckt, die Statuen befänden sich in einer kleinen Nische. Dieser feine Kunstgriff verschafft dem Werk eine ungeahnte Tiefenwirkung.

Der Hintergrund ist in kräftigem Blau gehalten, dessen Strenge durch goldene Sternchen aufgelockert wird. Oben tummeln sich zwei verspielte Putten mit einem Fruchtkorb, während zwischen den Statuen zwei unterschiedlich gestaltete Engel schweben. Bemerkenswert ist die detailreiche und lebendige Ausarbeitung der Figuren, deren ausdrucksstarke Mimik eine große Intensität an den Tag legt.

Mit wertvollen Gewändern bekleidet steht die heilige Barbara als zentrale Persönlichkeit etwas erhöht im Mittelpunkt des Schreins. Ihre goldene Krone kennzeichnet sie als Königstochter. In der rechten Hand hält sie ihre Attribute, den Kelch und die Hostie. Von ihrem faltenreichen Mantel fast gänzlich verdeckt, symbolisiert ein kleiner Turm ihre Gefangenschaft.

Während Barbaras Leben ausschließlich durch Legenden überliefert ist, ist die Existenz des heiligen Augustinus, der im Jahr 354 im heutigen Algerien geboren wurde, historisch gesichert. Er ist einer der vier lateinischen Kirchenväter und gilt als wichtigster Kirchenlehrer des christlichen Altertums. Unter seinen zahlreichen Schriften ragen besonders »De civitate Dei« (Vom Gottesstaat) und »Confessiones« (Bekenntnisse) hervor.

Im Zentrum der kunstvoll geschnitzten Schreinfiguren steht Maria mit dem Jesusknaben.

Die »Marienlegende« an der südlichen Schildbogenwand der mittleren Halle.

Der Barbara-Altar präsentiert ihn seinem Rang entsprechend als Bischof in pontifikaler Messkleidung und verweist zugleich durch das Buch in seinen Händen auf seine hohe Bildung.

Auf der rechten Seite des Schreins steht die Patronin der Keuschheit und der Jungfrauen. Die heilige Agnes von Rom trägt prächtige Kleidung, eine goldene Kette um den Hals und eine Krone auf dem dunklen Haar. Zu ihren Füßen liegt als Sinnbild der Keuschheit ein Lamm.

Auf dem linken Altarflügel tritt uns die heilige Lucia entgegen. Sie ist als junge Frau in einem langen Gewand dargestellt. Eine blutende Wunde gemahnt an ihren Märtyrertod, den sie durch einen Schwertstich in die Kehle erlitt.

Zu ihr gesellt sich in Nonnentracht die heilige Scholastika, die Begründerin des Benediktinerinnenordens. Sie war die Zwillingsschwester des heiligen Benedikt von Nursia, der als Vater des abendländischen Mönchtums betrachtet wird.

Im rechten Altarflügel begegnen wir der heiligen Ursula, die als Verweis auf ihr Martyrium einen Pfeil in der Hand hält. Der Legende zufolge gelobte die strahlend schöne christliche Königstochter ewige Jungfräulichkeit. Bei dem Versuch, sich der Ehe mit einem »heidnischen« Königssohn zu entziehen, landete sie mit ihren Gefährtinnen – angeblich 11 000 Jungfrauen – in Köln. Aufgewiegelt von christenfeindlichen Römern überfallen daraufhin die Hunnen die Stadt und töten die Jungfrauen. Lediglich Ursula bleibt zunächst verschont, da sie der Hunnenfürst zur Frau begehrt. Als sie sich jedoch standhaft weigert, auf seine Avancen einzugehen, wird sie durch einen Pfeilschuss hingerichtet.

Neben ihr steht die heilige Afra, Patronin der Büßerinnen und reuigen Dirnen. Ihrer weitgehend legendären Vita zufolge arbeitete sie als Prostituierte in einem Augsburger Bordell, ehe sie ein Zufall zum christlichen Glauben führte. Nach ihrer Taufe erlitt sie den Flammentod. Henkersknechte fesselten sie an einen Baum und zündeten diesen an.

Das einzige Fenster der westlichen Halle befindet sich an der Nordseite. In seinem Maßwerk ist Jesus mit dem Heiligen Geist, der durch eine Taube symbolisiert wird, von vier Engeln umgeben, dargestellt.

Das Glasbild darunter war möglicherweise früher Bestandteil eines der alten Chorfenster. Dargestellt ist die heilige Katharina mit ihren Attributen, dem Rad und dem Schwert. Das Weberschiffchen zu ihren Füßen verweist auf die Stifterin der Scheibe, die Weberzunft.

Im Eingangsbereich der Neithardtkapelle fanden zwei überlebensgroße Sandsteinfiguren der Außenfassade einen neuen Platz. Obwohl die beiden Marienstatuen deutliche Spuren der Verwitterung tragen, konnten sie sich doch einen stolzen Rest ihrer einstigen

Schönheit bewahren. Die Marienfigur in der Südwestecke befand sich ursprünglich am Hauptportal und wurde von Meister Hartmann geschaffen. Ausgestreckt liegt der Knabe in den Händen der gekrönten Muttergottes. Zärtlich betrachtet sie ihren Sohn, wobei man fast glaubt, ein leichtes Schmunzeln in ihren Mundwinkeln wahrzunehmen.

Die Marienstatue auf der linken Seite ist so stark in Mitleidenschaft gezogen, dass die Gesichtszüge des Jesusknaben fast verschwunden sind. Marias Krone ist nur noch bruchstückhaft erhalten und der Gegenstand, den sie in ihrer Hand hält, kaum noch zu erkennen.

Zu den bedeutendsten Kunstschätzen der Westhalle zählen vier Tafeln von dem ursprünglich 5,80 mal 2,60 Meter großen Flügelaltar des ehemaligen Augustinerklosters St. Michael zu den Wengen. Nach der Säkularisation wurden die Altarflügel aus der Werkstatt Bartholomäus Zeitbloms zersägt und als Einzelstücke verkauft. In der Folgezeit wurden sie buchstäblich in alle Winde zerstreut. Fragmente gelangten bis nach Lübeck und Dublin. Schließlich gelang es 1838, acht Tafeln für das Münster zu erwerben.

Ein weiteres hochwertiges Kunstwerk, die »Marienlegende«, befindet sich an der südlichen Schildbogenwand der mittleren Halle. Die Gemäldetafel aus dem Jahr 1509 wird Jörg Stocker, einem Lehrer von Martin Schaffner, zugeschrieben. Oben thront Jesus als Weltenrichter. Darunter thematisieren sieben Szenen, die auf zwei untereinanderliegende Reihen verteilt sind, das Marienleben.

In seiner umfassenden Münsterbeschreibung von 1907 urteilt Rudolf Pfleiderer: »Es atmet eine treuherzig=deutsche Auffassung; die Figuren hoch, fleischlos, mit spindeldürren Fingern; das Beiwerk zierlich und herzlich ausgeführt; die Färbung in gutem Licht noch von leuchtender Kraft, viel Goldbrokat und Damast.«(4)

An der rechten und linken Außenseite der unteren Reihe ließ sich das Stifterpaar Heinrich Neithardt und seine Gemahlin verewigen. Die Inschrift am unteren Rand nimmt Bezug auf Heinrich Neithardts Ableben: »Anno Dmni 1509 an sant pacracius Tag (12. Mai, d. Verf.) starb der frum erber und weyß Hainrich Neythartt, der zeit der Elterr, dem Gott gnädig und barmherzig sey.«

Wenngleich die Stiftung der Gemäldetafel ohne Zweifel auf ein Familienmitglied des gebildeten Patriziergeschlechts zurückgeht, bleibt doch fraglich, ob sie sich stets an ihrem heutigen Platz befand. Möglicherweise wurde sie für einen anderen Standort angefertigt und gelangte erst nachträglich in die Neithardtkapelle.

In diesem Zusammenhang ist die asymmetrische Formgebung des Rahmens irritierend. Denn die linke Seite ist rundbogig gestaltet und fügt sich so harmonisch in die örtlichen Gegebenheiten ein, dass man annehmen könnte, das Werk wäre eigens für die südliche Schildbogenwand geschaffen worden. Dagegen spricht jedoch die Gestaltung des rechten Seitenrahmens, der gleichsam wie abgeschnitten wirkt. Der obere Bogen, in dem Jesus als Weltenrichter dargestellt ist, endet jäh in einer senkrechten Geraden. Anschließend biegt die Umrahmung kurzzeitig in die Horizontale ab, um gleich darauf »Mariäs Verkündigung« mit einem Rechteck zu umfangen. Ausgehend von dieser Szene zeigt sich der rechtsseitige Abschluss der Gemäldetafel bis zum Stifterinnenbild in der unteren Ecke als gerade Linie.

Die ungewöhnliche Rahmung gibt bis heute Rätsel auf. Oberflächlich betrachtet mag sich der Verdacht aufdrängen, dass die Gemäldetafel auf ihrer rechten Seite nachträglich abgesägt wurde, um sie vielleicht in einen anderen Raum einzufügen. Dagegen spricht jedoch der Befund einer 2011 erfolgten Restaurierung, demzufolge kein Beweis für einen derartigen Eingriff vorliegt.

Ebenso wie der westliche Raum der Neithardtkapelle verfügt auch die mittlere Halle lediglich über ein relativ kleines Fenster an der Nordseite. Dieses beinhaltet eine um 1440 entstandene farbenreiche Scheibe von Hans Acker. In wunderbar hellen und freundlichen Tönen ist der Kampf des heiligen Georg gegen den Drachen voll schwunghafter Bewegungsfreude dargestellt. Das weiße Ross des gepanzerten Ritters hat das Ungeheuer unter seine Hufe genommen, während sich die Lanze des Heiligen in seinen Leib bohrt. Das Ungeheuer, das mit einem langen Echsenschwanz und löwenartigen Pfoten dargestellt ist, hat sein Maul weit aufgerissen und entblößt eine Reihe spitzer Zähne. Hell erstrahlt der Kämpfer neben der Verkörperung des Bösen. Der Hintergrund ist äußerst lebhaft gestaltet. Unterhalb einer Burg betet die Königstochter, die durch das Los zum Opfer des Furcht erregenden Drachens bestimmt wurde, für ihren Retter.

Während die ersten beiden Kapellenräume ebenerdig ineinander übergehen, werden die östliche und die mittlere Halle durch einige Stufen getrennt.

Beim Betreten richtet sich der Blick unmittelbar auf den querrechteckigen Schrein vor dem Ostfenster, bei dem es sich höchstwahrscheinlich um einen Altar handelt. Der Schrein aus dem 15. Jahrhundert beinhaltet neun farbenfrohe, kunstvoll geschnitzte Statuen. Im Zentrum steht Maria, um die sich acht Heilige gruppieren. Auf der rechten Seite der Muttergottes: Helena, der die Legende die Auffindung des Heiligen Kreuzes in Jerusalem zuschreibt; Barbara mit Hostie und Kelch; Afra, die an einen brennenden Baum gebunden ist; der Protomärtyrer Laurentius von Rom in Diakonentracht. Links von Maria begegnen wir Petrus, Paulus, Andreas und Stefanus.

Die Herkunft des Kunstwerks ist nicht gesichert. Möglicherweise handelt es sich um den früheren Hauptaltar der Neithardtkapelle, dessen Stiftung 1437 erfolgte. 1714, etliche Jahrzehnte nachdem die Familie in der männlichen Linie ausgestorben war, ging dieser Altar verloren.

Eine Inschrift nennt die Jahreszahl 1491 und verweist damit wohl auf eine Neuaufstellung: »anno domini MCCCCLXXXXI iar ward disses werk gemacht und uff gelecht von nuygem.«

Bei der Statue der Muttergottes handelt es sich allerdings um eine Kopie. Das Original wurde 1973 während eines Stadtfestes, dessen Erlös zum Erhalt der Münsterfenster beitragen sollte, gestohlen. Der Täter wurde zwar von Passanten verfolgt, konnte jedoch entkommen.

Dieser Diebstahl war mit dafür ausschlaggebend, dass der Schrein in der Neithardtkapelle mittlerweile ebenso wie der Choraltar und weitere Bereiche des Münsters mit einer Alarmanlage gesichert ist.

Während das nördliche Fenster der dritten Halle, das fast die ganze Nordwand einnimmt, auf bunte Glasmalereien verzichtet, setzt das Ostfenster spannende farbliche Akzente. Eine Scheibe, die vermutlich auf die erste Hälfte des 15. Jahrhunderts zurückgeht, präsentiert den heiligen Hieronymus mit dem Löwen. Sowohl ihre Herkunft als auch ihr Urheber sind unbekannt, wobei Hans Acker auszuschließen sein dürfte.

Bei der Hieronymusscheibe dominieren intensive Rot-, Blau- und Goldtöne. Die Wappenscheiben im unteren Bereich des Fensters sind dagegen überwiegend in den milden Farben des Herbstes braun, beige, rostrot, moosgrün und oliv gehalten.

Auf einer hohen, schlanken Säule neben dem Ostfenster thront die »Mutter der Barmherzigkeit«, die um 1490 entstanden sein dürfte. Das elegante Schnitzwerk präsentiert Maria mit einem so lebensecht dargestellten Kind, wie man es nur selten bei Kunstwerken aus jener Zeit erlebt.

Besondere Beachtung verdient ein Neithardt-Epitaph mit der Pieta und den 14 Nothelfern, das sich über der Türe zum Chor befindet. Die Darstellung präsentiert sich weitgehend in kräftigen dunklen Tönen, die in einigen leuchtend roten und goldenen Elementen ihre Entsprechung finden. Nur an wenigen Stellen setzen Teile der Gewänder einen hellen Akzent. Umso mehr tritt der bleiche Leichnam Jesu in der Mitte der Darstellung hervor. Seine schwarz gekleidete Mutter hält ihn von Trauer überwältigt zärtlich im Arm. Neben ihr kniet Johannes,

Die Scheibe, die die heilige Katharina darstellt, ist eine Stiftung der Weberzunft.

dessen rechte Hand den Kopf des Getöteten stützt.

Auf einem zartblauen Podium, das die Mittelgruppe umfängt, stehen leicht erhöht die 14 Nothelfer, deren Beistand in vielerlei existenziellen und gesundheitlichen Nöten Hilfe verspricht. Der Zyklus beginnt auf der linken Seite mit Erasmus. Das häufigste Attribut des Bischofs von Antiochia ist eine Schiffswinde, die vermutlich missverständlich als Folterwerkzeug interpretiert wurde. Angeblich soll ihm mit einer solchen Winde bei lebendigem Leib der Darm herausgerissen worden sein.

Ihm folgen Christophorus, Georg und Sebastian sowie der »Kettenheilige« Leon-

Der Barbaraaltar in der westlichen Halle ist eine Stiftung von Dr. Peter Neithardt.

hard, anschließend Vitus, der Nothelfer gegen Blitz, Unwetter und Veitstanz. Daneben erscheinen Barbara, Margareta, Katharina und der Arzt Pantaleon, dem die Hände an den Kopf genagelt wurden. Die Reihe setzt sich mit Aegidius, Eustachius und dem Bischof Achatius fort, ehe sie auf der rechten Seite mit dem heiligen Nikolaus von Myra endet. Der Heilige hält drei Goldkugeln in der Hand, die einer der zahlreichen Legenden zufolge, die sich um seine Person ranken, drei armen Mädchen schenkte.

Im unteren Bereich des Kunstwerks tritt uns in einer eigenständigen, wesentlich kleineren Darstellung der Stifter des Epitaphs Bürgermeister Dr. Matthäus Neithardt mit seiner Familie entgegen. Die linke Bildhälfte ist den männlichen Familienmitgliedern vorbehalten. Im Beisein seiner vier Söhne kniet Dr. Matthäus Neithardt betend vor einem hölzernen Pult.

Der Ulmer Patrizier veranlasste die Stiftung zum Gedenken an seine beiden 1499 und 1501 verstorbenen Gemahlinnen, die auf der rechten Seite dargestellt sind. Wappendarstellungen betonen ihre Herkunft aus vornehmen Ulmer Familien. Neben Matthäus Neithardts erster Frau Magdalena befindet sich das Wappen der Krafft, ein breiter gelber Schrägbalken auf rotem Grund, neben seiner zweiten Frau Barbara das der Ehinger, zwei gekreuzte goldene Heulichel auf rotem Grund.

Die beiden Familiengruppen werden durch eine weitere Szene im mittleren Bereich getrennt. Zwischen zwei Posaune blasenden Putten auf Podesten tanzt der Tod mit einem Stundenglas in der Hand.

---

(1) Fabri, S. 175.

(2) Ebd.

(3) Ebd., S. 177.

(4) Pfleiderer, S. 124.

DIE KONRAD-SAM-KAPELLE

Im Jahr 1962 wurde die frühere Sakristei des Münsters in Konrad-Sam-Kapelle umbenannt. Der Name erinnert an den um 1483 geborenen Theologen Konrad Sam, der sich schon um 1519 der Reformation anschloss. Als er 1524 seine Tätigkeit als Prediger in Ulm aufnahm, war die Stadt noch nicht der Reformation beigetreten. Die neue Glaubensrichtung hatte dort jedoch bereits etliche Anhänger gefunden. Bald besuchten so viele Menschen seine Gottesdienste in der kleinen Barfüßerkapelle, dass deren räumliche Kapazitäten für den großen Andrang nicht mehr ausreichten. Daher verlagerte sich Konrad Sams Predigertätigkeit schon nach kurzer Zeit in das wesentlich größere Münster.

Bei der Einführung der Reformation in Ulm spielte der Theologe, der bereits 1533 an einem Schlaganfall starb, eine wesentliche Rolle. Gelegentlich wurde sogar gemutmaßt, dass die Reformation ohne sein Wirken nur schwerlich oder zumindest nur mit Verzögerung in der Reichsstadt hätte Fuß fassen können.

Die Konrad-Sam-Kapelle, die nur bedingt für die Öffentlichkeit zugänglich ist, befindet sich im Erdgeschoss des Südturms und geht teilweise noch auf die Parlerzeit zurück. Der hohe quadratische Raum präsentiert sich überwiegend in schlichtem Beige und verzichtet weitgehend auf schmückende Ausmalungen.

Die ruhige und zurückhaltende Innenraumgestaltung lenkt den Blick unmittelbar auf das wertvollste Kleinod der ehemaligen Sakristei, das Schongauer Altärchen. Das Diminutiv ist hier nicht dem traditionellen schwäbischen Sprachgebrauch geschuldet, sondern bezieht sich auf ein lediglich 1,10 Meter hohes Hausaltärchen, das 1484 gestiftet worden sein soll. Es besticht vor allem durch seinen 73 mal 52 Zentimeter großen, ungemein fein geschnitzten Schrein. Dieser beinhaltet eine plastische, sehr detailliert ausgearbeitete Kreuzigungsgruppe. Vor einem damaszierten Goldgrund sieht man Jesus zwischen den beiden Schächern,

Die Konrad-Sam-Kapelle befindet sich im Erdgeschoss des Südturms.

Das Schongauer Altärchen besticht durch seinen kunstvoll geschnitzten Schrein.

also jenen Verbrechern, die mit ihm zusammen hingerichtet wurden.

Der alte Begriff Schächer mag heute umgangssprachlich nicht mehr gebräuchlich sein, gleichwohl hat er sozusagen als Fachbegriff Einzug in die kunsthistorische Literatur gefunden, da die beiden Verbrecher in der christlichen Kunst häufig als Bestandteil der Kreuzigungsgruppe erscheinen.

Unter den Kreuzen, unter denen zwei schwebende Engel dargestellt sind, befinden sich Maria, Magdalena und Johannes. Der kummervolle Blick der betenden Muttergottes ist in weite Ferne entrückt. Alle Figuren sind wunderbar zart und filigran ausgeführt. Die Proportionen zeigen sich ausgewogen, wobei der reiche Faltenwurf der Gewänder und die fein geschnitzten Haare der Statuen eine große Liebe zum Detail verraten.

Die Bemalung der inneren Altarflügel geht auf die zweite Hälfte des 16. Jahrhunderts zurück. Als Vorlage diente Martin Schongauers »Kupferstichpassion in zwölf Blättern«, aus der vier Szenen übernommen wurden. Zu den Schlüsselszenen der Leidensgeschichte zählt die Nacht nach dem letzten Passah im Garten Gethsemane. Während im Vordergrund die drei Jünger schlafen, betet Jesus von inneren Qualen bedrückt zu seinem Vater. Im Hintergrund schleichen sich bereits die römischen Soldaten an, die ihn gefangen nehmen werden.

Die untere Hälfte des linken Altarflügels zeigt Jesus vor Pontius Pilatus, der seine Hände in Unschuld wäscht.

Auch bei den Darstellungen des rechten Altarflügels handelt es sich um zentrale Themen der Passion. Die obere Szene zeigt Jesu Verspottung, die untere seinen Kreuzweg. In der dichten Menge, die ihm folgt, begleitet ihn Maria in dunkler Kleidung und mit bekümmertem Blick. Im Vordergrund steht Veronika mit dem Schweißtuch, auf dem sich deutlich Jesu Antlitz abzeichnet.

Die Konrad-Sam-Kapelle birgt vier weitere hochrangige Kunstwerke. An der östlichen Kapellenwand hängen zwei jeweils 128 mal 58 Zentimeter große Altartafeln von Martin Schaffner, die nach 1525 entstanden. Die Herkunft der beiden Kunstwerke, die sich zeitweise in der Neithardtkapelle befanden, ist unbekannt.

Das linke Gemälde präsentiert vor einem leuchtend goldenen Hintergrund mit bewegten Elementen Anna selbdritt. Anna, in ein kräftig rotes Gewand gehüllt, hält den Jesusknaben auf dem Arm. Das Kind hat seine Hände zu Maria ausgestreckt, die ihrem Sohn eine Birne reicht.

Der golden ornamentierte Bildhintergrund der rechten Altartafel entspricht dem der Anna-selbdritt-Darstellung. Das Werk erinnert an das Wirken der heiligen Elisabeth. Die Patronin der Bettler, Kranken, Witwen und Waisen ist in schlichter Kleidung dargestellt, die ihre edle Abkunft nicht verrät. Gütig schaut sie auf einen Bettler und reicht ihm fürsorglich die Hand. Der gebeugte, zerlumpte Mann, der sich mühselig auf eine hölzerne Krücke stützt, richtet seinen Blick hoffnungsvoll auf die Wohltäterin der Armen und Notleidenden.

Die beiden Altartafeln an der westlichen Wand der ehemaligen Sakristei gehen auf die Schule Bartholomäus Zeitbloms zurück und entstanden zwischen 1495 und 1498. Sie entstammen dem einstigen Hochaltar des früheren Augustiner-Chorherrenstifts St. Michael zu den Wengen, das 1803 im Zuge der Säkularisation aufgehoben wurde. Die Tafeln mit der Darstellung der Himmelfahrt Jesu und den Porträts von Jakobus und Bartholomäus wurden 1838 aus Privatbesitz für das Münster erworben.

Im Ulmer Münster finden sich nur wenige Bereiche, deren Ausstattung nach der Reformationszeit so starke Veränderungen erfuhr wie die der Konrad-Sam-Kapelle. Folgt man Rudolf Pfleiderers ausführlicher Münsterbeschreibung von 1907, wurde im vergangenen Jahrhundert fast der gesamte Gemäldeschmuck des Raumes ausgetauscht.

Zu Beginn des 20. Jahrhunderts waren die Ost-, West- und Nordwand der Sakristei mit zahlreichen großen Gemälden heimischer Münsterpfarrer geschmückt. Ein Teil von ihnen wurde mittlerweile in die nördliche Vorhalle des Münsters gebracht. Lediglich das Porträt von Elias Veiel verblieb in der Konrad-Sam-Kapelle. Der 1635 in Ulm geborene Doktor der Theologie ist in aufrechter Haltung mit schütterem grauen Haar und, seiner Position entsprechend, in einem Talar dargestellt. In seiner Hand hält er ein aufgeschlagenes Buch, das an seine hohe Bildung und an seine zahlreichen Publikationen erinnert.

Rudolf Pfleiderer erwähnt in seiner Beschreibung außerdem ein Tafelgemälde, das sich seinerzeit in der damaligen Sakristei befand, den so genannten Gnadenstuhl. Die Darstellung der Dreieinigkeit, die mittlerweile im Westen der südlichen Seitenschiffe einen neuen Standort gefunden hat, gelangte nach ihrer spektakulären Auffindung bei einer Holzauktion und in einer Backstube Ende des 19. Jahrhunderts in den Besitz des Münsters.

Predella des Schongauer Altärchens in der Konrad-Sam-Kapelle.

Links: Das Opferlamm im Maßwerk des Passionsfensters. Rechts: Der Altarflügel an der östlichen Kapellenwand zeigt eine Darstellung von Anna selbdritt auf goldenem Grund.

Seinerzeit erstreckten sich die umfangreichen Bautätigkeiten nicht nur auf den Außenbereich des Gotteshauses. Auch im Inneren wurden weite Teile renoviert und anlässlich des Lutherjubiläums 1883 feierlich eingeweiht. Zeitgleich erfolgten in der Sakristei ebenfalls bauliche Maßnahmen. An der Nordwand fügte man eine kleine Orgel mit zarten Fialen sowie hohe Wandschränke ein. Der Raum erhielt neue Bänke und das Gewölbe erfuhr eine neue Bemalung.

Wesentlich jünger ist das Passionsfenster, das vom Ulmer Münsterbauverein gestiftet wurde. Es geht auf den Künstler Gottfried von Stockhausen zurück, der in der Nachkriegszeit etliche Scheiben für das Münster angefertigt hat. Seine moderne Version des Leidensweges, die 1957 entstand, verzichtet darauf, Jesus unter den anderen Protagonisten durch besondere Attribute hervorzuheben. So erscheint der Heiland gleichsam als Mensch unter Menschen, triumphiert aber, wenn man alle Szenen zusammenfassend betrachtet, doch am Ende über seine Feinde.

Die einzelnen Stationen des Leidenswegs werden zurückhaltend, fast sachlich präsentiert, ohne dabei an Intensität einzubüßen. Dabei verweigert sich die Darstellung allzu üppiger Beschwingtheit und zeigt sich in ihrer Farbgebung bis auf wenige kräftigere Nuancen dezent.

Eine der berührendsten Szenen des Passionsfensters ist die Verleugnung des Petrus in der dritten Zeile rechts. Dem einstmals getreuen Jünger, den seine Feigheit zum Verräter machte, ist die Verzweiflung ins Gesicht geschrieben. Weinend ist er auf die Knie gesunken. Entsetzt hält er sich mit beiden Händen die Ohren zu, während der überdimensional groß dargestellte Hahn auf der Mauerkante an Jesu Ankündigung erinnert: »Ehe der Hahn kräht, wirst du mich dreimal verleugnen.«

SUMMARY IN ENGLISH · SOMMAIRE EN FRANÇAIS

ULM MINSTER

HISTORY OF ITS CONSTRUCTION

Until 1377, Ulm Parish Church was located outside the city walls, in the vicinity of today's "Old Cemetery". This meant that the the way to the church service was not only difficult, but also presented considerable dangers. Particularly during times of conflict, there was a clear need to move the parish church into the walled city. It was therefore not without reason that the decision for a new building within the fortifications was taken after Emperor Charles IV had besieged Ulm during the war against the League of Swabian Cities in 1376. From the start, this major project was a bold undertaking. The future parish church was planned to be so big that its interior offered space for around 20,000 worshippers—whilst the city's population at that time was between 9,000 and 10,000 people. Financing it was also a considerable challenge, in which neither the clergy nor rulers wished to be involved. It was solely the great willingness of Ulm's citizens to make donations that actually helped to make the mammoth project become reality.

The first master builders of the Minster came from the famous and widely ramified

Fialen an der Nordseite des Münsters.

Parler family, whose members had contributed to the appearance of countless European places of worship. The first plan for the construction of the Minster is said to go back to Heinrich II Parler. The planned dimensions more or less corresponded to those of today's structure. A hall church was planned, with three relatively small towers, whereby the west tower would only be marginally higher than the two choir towers. The choir, as well as the two choir foundations of the two towers, date back to Heinrich II.

His brother, Michael Parler, took over construction in 1383 and continued with work on the choir, designed and begun by his brother Heinrich, up to the first cornice. The third master builder from the Parler family, Heinrich III, only worked on Ulm Minster for a few years. During this short time, he continued work on the nave, adding four bays in a westerly direction, up to a height of eight to nine metres. After this, in 1391, Ulrich von Ensingen was given the task of continuing work on Ulm Minster. Under his guidance, a key change of plan was undertaken: The relatively low west tower, designed by the Parlers, was to be replaced by a considerably higher tower, boldly reaching for the sky.

The west tower is considered as Ulrich von Ensingen's main work in Ulm, even if only the ground floor with the vestibule as well as parts of the upper storey could be finished during his lifetime. The increased height of the tower made additional changes of plan necessary. On the one hand, the increased static requirements had to be taken into account. On the other, the considerably increased dimensions also required aesthetic corrections, in order to guarantee a harmonious appearance. In so doing, Ulrich von Ensingen completed the change from the hall church, originally planned by the Parlers, to a basilica.

After Ulrich died in 1419, Hans Kun assumed the office of the master builder of the minster. His period of office saw, in particular, a continuation of the construction of the west tower, which had now reached a height of 40 metres. By the end of the 15th century, Matthäus Böblinger presented a new design for the tower, which was only partially implemented during his lifetime. In the years that followed, the tower grew to include the second upper storey of the tower, with the square gallery. This completed the medieval construction work on the west tower, which

Wasserspeier an der Südseite des Münsters.

remained unfinished until long into the 19th century.

Böblinger's work in Ulm was overshadowed by an event which caused him to stop his work on the Minster, although he was not responsible in any way for the problem. During a service in 1492, two stones fell from the tower, causing the shocked congregation to flee the building. The accident caused the people of Ulm to investigate construction errors resulting from Ulrich von Ensingen's bold plan for the tower. The tower threatened to sink, as his foundations were insufficient.

The Council of Ulm appointed Burkhart Engelberg as successor of Ulrich von Ensingen. He secured the tower by first reinforcing its eastern foundations. He then added strong walls at the western end as additional support, creating the vestibules of the aisles. The wide vaulting of the aisles was also a static problem. In the early years of the 16th century, Engelberg added smaller, lighter vaulting, whose load was also taken up by a series of elegant round pillars. This turned the three-nave basilica into a five-nave church.

The death of Burkhart Engelberg in 1512 marked the end of the medieval construction work on Ulm Minster. Construction was officially terminated by a Council decree in 1543. Ulm had already joined the Reformation in 1530. In the Reformation iconoclasm of 1531, the Minster lost a large proportion of its countless altars. However, by taking appropriate measures, the Council was able to stave off disaster.

Ulm Minster remained unfinished for around three centuries. It was not until 1844 that the Ulm Inspector of City Building, Ferdinand Thrän, restarted the Minster construction project. He was responsible for the idea of financing the project through a Minster construction lottery fund. Under his successors, Ludwig Scheu and August von Beyer, the choir towers were completed in 1877/1880 and the west tower in 1890. Whilst no older plans existed for the choir towers, the plans of Matthäus Böblinger were used for the west tower. For aesthetic reasons, the master builder August von Beyer increased the spire by several metres, creating, at 161 metres, the highest church tower in the world, a record still held today.

THE EXTERIOR OF THE MINSTER

The high west portal, with its richly decorated vestibule, is one of the most beautiful Gothic portal constructions. The two northern pillars show the patron saints of the Minster, John the Baptist and St Anthony, whilst the two at the southern end show the Virgin Mary and St Martin, who is cutting his coat with a sword. However, these days, the figures on the pillars are copies. The originals were brought into the interior of the Minster, to protect them from further weathering.

Three high arches lead into the 16.5 metre-high, 13.5 metre-wide and 10.5 metre-long vestibule, whose high portal offers two entrances into the Minster itself. Under a filigree canopy, the noticeable central pillar presents one of the most significant works of Late-Gothic sculpture: Hans Multscher's Ecce Homo. The original figure was brought into the interior of the Minster in 1976, where it was installed by the chancel arch.

The north-west portal dates back to 1356, making it the oldest portal of the Minster.

THE INTERIOR OF THE MINSTER

The Minster once possessed more than fifty altars, most of which were lost during the iconoclasm of the Reformation in 1531. It has not been able to say with exact certainty how many there were. Around fifty to sixty were located on the pillars and walls of the Minster. Around half of them would have been from private benefactors amongst Ulm's patrician families.

Of almost equal significance was the loss of many of the original windows due

Der Turmhelm des Westturms von Osten aus gesehen.

to storms, accidents and improper handling. Between 1878 and 1913, 28 new stained glass windows were installed in the Minster, in the historic style. However, they were destroyed by an air raid in 1944. New windows were installed during the post-war era, most recently in 2001.

In contrast to the altars and windows, the funerary hatchments of the Minster were able to remain intact, despite all the upheavals which occurred. Nevertheless, their number has been greatly reduced over time.

Solid pillars separate the nave from the aisles. Along with most corbels, they date back to the Parler period. By contrast, the canopies and the figures are from a considerably later era.

The original pillar sculptures were lost in the iconoclasm of the Reformation in 1531 and were only replaced after the west tower was completed.

The largest medieval fresco north of the Alps can be seen on the eastern wall of the nave. It extends above the chancel arch over an area of 145 square metres and, on its edges, continues down to the capitals of the choir pillars. The huge wall painting of Judgement Day, created, according to the inscription, in 1471, was painted by the Ulm painter Hans Schüchlin, the father-in-law of Bartholomäus Zeitblom.

On the left side of the chancel arch, is the richly decorated tabernacle, primarily constructed between 1467 and 1471. With a height of 26 metres, it is the highest tabernacle in Germany.

On a plinth on the southern side of the chancel arch is the figure of Ecce Homo, an early work by Hans Multscher, created in the year 1429. Its original location was on the central pillar of the western portal, where a copy now stands in the original location under the canopy.

The southern aisle, like the northern one, was also revaulted at the beginning of the 16th century by Burkhart Engelberg. His mark and the year 1507 on the eastern wall are a testament to the completion of the revaulting of the southern aisle.

Beneath it, and to the left, there is a high, opulently decorated portal, which is the entrance to the Konrad Sam Chapel.

Die Pfeilerplastiken stammen aus der Zeit um 1900.

The Karg Niche, measuring 3.60 metres by 3.60 metres, is located on the eastern wall of the southern aisle. The stone artwork is so badly damaged that it can barely surround its contents, as it suffered during the iconoclasm of 1531. The plinth inscription names the Ulm patrician Konrad Karg as the benefactor and Hans Multscher as the creator of the Karg Niche, completed in 1433. It is the earliest work which can definitely be assigned to Multscher.

On the high eastern wall of the north aisles, Burkhart Engelberg's master inscription and the date 1502 are a record of the completion of the revaulting work. This is not the only indication of the activities of the renowned master builder. The almost complete covering of an older wall painting is also of note. The Engelberg vault cuts through the centre of a huge imperial eagle, applied al fresco to the fresh plasterwork in the middle of the 15th century.

The choir is marked by harmonic dimensions: A height of 27 metres, width of 15 metres and a length of 29 metres. On its southern and northern wall, there are over 18 metres of fine dark oak choir stalls.

The extensive choir stalls of Ulm Minster are one of the finest examples of 15th century Swabian carving. The triple seat under the chancel arch is literally the beginning of this work of art. It was the sample, with which Jörg Syrlin the Elder was able to prove that he and his employees were able to create the choir stalls according to the high demands for artistry and craftsmanship made by the Council of Ulm.

Fenster der Verheißung mit Bundeslade in der südlichen Vorhalle.

The choir stalls have a clear architectural structure. Its side sections, measuring more than 18 metres in length along the northern and southern walls of the choir, have a total of 89 seats, spread over two rows.

The choir is home to 89 individually carved busts, distributed across lecterns, dorsals and wimpergs, and is split into male and female sides. Figures from the Old Testament can be found on the high rear walls of the choir stalls. The half-size figures in the gables of the canopies represent figures of the New Covenant, apostles, saints and martyrs.

A particular accent is set by the almost life-size, characterful hard oak busts on the sides of the lecterns, created by the woodcarver Michel Erhart. Sibyls are shown on the southern side, whilst the northern side contains ancient scholars.

Six of the nine choir windows, most of which are more than 15 metres high, still contain their original Gothic stained glass from the period between 1390 and 1480.

LA CATHÉDRALE D'ULM

L'HISTOIRE DE SA CONSTRUCTION

Jusqu'en 1377, l'église paroissiale d'Ulm se dressait hors des murailles de la ville, dans le quartier du « vieux cimetière » actuel. Le chemin qui menait aux services religieux était ainsi non seulement pénible, mais cachait des dangers considérables. Ce fut surtout pendant les temps de guerre qu'il parut nécessaire de disposer d'une église paroissiale au sein de l'enceinte fortifiée de la ville. Ce n'est pas sans raison que la décision d'une nouvelle construction à l'intérieur du mur d'enceinte fut prise après le siège d'Ulm par l'empereur Charles IV en 1376, pendant la « Guerre de la Ligue des villes Souabes ». Ce grand projet fut, dès son origine, une entreprise audacieuse. La future église paroissiale fut imaginée de façon si généreuse qu'environ 20.000 fidèles auraient pu y prendre place pour le service religieux, pour une population de 9.000 à 10.000 habitants à l'époque. Le financement également représenta un challenge à ne pas sous-estimer à la solution duquel ni les représentants religieux ni les autorités séculières ne participèrent. C'est uniquement grâce à la générosité des dons de la population que la réalisation de ce projet gigantesque put être menée à bien.

Les premiers architectes de la cathédrale étaient issus de la famille des Parler, renommée et aux descendances multiples. Ses membres ont façonné la physionomie de nombreux bâtiments religieux en Europe. Le tout premier plan de la construction de la cathédrale à Ulm proviendrait d'Heinrich II

Blick von der Neutorbrücke auf die nächtliche Stadt und das Münster.

Das Grundsteinlegungsrelief in der Vorhalle des Brautportals.

Parler. Les dimensions prévues du tracé correspondaient à peu près au métré actuel. Une église-halle était prévue, dotée de trois clochers relativement bas, la flèche ouest ne dépassant que de peu les deux clochers du chœur. Le chœur ainsi que les soubassements des deux clochers du chœur remontent essentiellement à Heinrich II.

En 1383, son frère Michael Parler fut chargé de la direction du projet et poursuivit, jusqu'à la première corniche de couronnement, la construction du chœur selon les plans que son frère avait commencé. Le troisième architecte, issu de la famille Parler, Heinrich III, ne travailla que quelques années à la cathédrale d'Ulm. Pendant cette brève période, il prolongea la nef de trois travées vers l'ouest jusqu'à une hauteur de huit à neuf mètres. Puis, la poursuite de la construction de la cathédrale d'Ulm fut confiée en 1391 à Ulrich von Ensingen. C'est sous sa direction que le projet fut modifié de façon décisive : Le clocher ouest de hauteur relativement basse, tel qu'il avait été prévu par les Parler, fut remplacé par une flèche bien plus haute à l'élancement audacieux.

La flèche ouest est présentée comme l'œuvre principale d'Ulrich von Ensingen, bien que, de son vivant, seuls le rez-de-chaussée avec le narthex ainsi que des parties du premier étage furent achevés.

L'augmentation de la hauteur du clocher entraîna obligatoirement d'autres modifications des plans. Il fallut, d'une part, prendre en considération des contraintes plus sévères pour la statique et, d'autre part, l'augmentation manifeste des dimensions exigea des corrections dans le domaine esthétique afin de garantir une physionomie d'ensemble harmonieuse. C'est pour ces raisons qu'Ulrich von Ensingen abandonna le projet initial par des Parler d'une église-halle pour une conception de type basilique.

Au décès d'Ulrich, en 1419, Hans Kun fut chargé de la poursuite de la construction de la cathédrale. C'est sous sa direction que fut poursuivie, en particulier, la construction de la flèche ouest qui, alors, atteignit une hauteur de 40 mètres environ. A la fin du 15ème siècle, Matthäus Böblinger présenta un nouveau plan de la flèche qui, de son vivant, ne fut que partiellement réalisé. Pendant les années qui suivirent, la flèche s'éleva encore après l'ajout d'un deuxième étage comportant la galerie carrée. C'est ici que s'achèvent les travaux moyenâgeux sur la flèche ouest. Celle-ci devait rester inachevée jusque tard dans le 19ème siècle.

Les activités de Böblinger à Ulm sont entachées par un événement qui le contraignit à stopper ses travaux sur la cathédrale, bien qu'il ne soit absolument pas responsable de cet incident. En 1492, deux pierres de la flèche se détachèrent pendant un office religieux et mirent en fuite les fidèles choqués. Cet accident attira l'attention des responsables d'Ulm sur des défauts de construction entraînés par le projet de flèche audacieuse d'Ulrich von Ensingen. Celle-ci menaçait de s'affaisser car ses fondations étaient insuffisantes.

Les édiles d'Ulm nommèrent Burkhart Engelberg comme successeur. Celui-ci sécurisa la flèche en consolidant tout d'abord les fondations est. Puis la conforta en ajoutant de puissants murs de soutènement à son extrémité ouest qui formèrent le narthex des nefs latérales. Les larges voûtes des nefs latérales présentèrent elles-aussi des problèmes de statique. Durant les premières années du 16ème siècle, Engelberg mit en place des voûtes plus légères dont la charge fut étayée par une rangée de piliers ronds. La basilique à trois nefs se transforma ainsi en une église comportant cinq nefs.

Le décès de Burkhart Engelberg en 1512 signifia la fin des travaux de construction durant le moyen-âge. La construction fut officiellement terminée en 1543 par un arrêté du Conseil. Dès 1530, Ulm s'était associée à la Réforme. Lors du mouvement iconoclaste réformateur en 1531, la cathédrale perdit une grande partie de ses autels. Grâce à la prise de mesures adéquates, le Conseil parvint cependant à empêcher de plus graves dégâts.

Durant trois siècles, la cathédrale demeura inachevée. Ce n'est qu'en 1844 que l'inspecteur des travaux communaux Ferdinand Thrän réactiva le chantier de la cathédrale. C'est lui également qui eut l'idée d'organiser une loterie pour financer le projet. Sous la conduite de ses successeurs, Ludwig Scheu et August von Beyer, les clochers du chœur (1877/1880) et la flèche ouest (1890) furent achevés. Alors qu'il n'existait plus d'anciens plans des clochers du chœur, il fut possible d'avoir recours à des croquis de Matthäus Böblinger pour la flèche ouest. Pour des raisons d'esthétique, l'architecte August von Beyer suréleva l'extrémité de la pointe de la flèche et réalisa ainsi la plus haute flèche du monde, d'une hauteur de 161 mètres.

L'EXTÉRIEUR DE LA CATHÉDRALE

Le portail ouest et son narthex orné de nombreuses sculptures comptent parmi les plus belles réalisations de portail de l'art gothique. Les piliers jumelés nord portent les patrons de l'église, Saint Jean-Baptiste et Saint Antoine. Les piliers sud montrent la Mère du Christ et Saint Martin qui partage son manteau d'un coup de glaive. Ces sculptures actuelles situées en plein air ne sont que des copies. Les originales ont été disposées à l'intérieur de la cathédrale pour qu'elles soient protégées des intempéries.

Trois hauts couloirs mènent au narthex d'une hauteur de 16,50 mètres, d'une largeur de 13,50 mètres et d'une longueur de 10,50 mètres. Son grand portail comporte deux battants donnant sur l'intérieur de l'édifice. Le pilier central, fortement saillant, présente, sous un baldaquin filigrane une des œuvres les plus importantes de l'art plastique du gothique tardif : le Christ de douleur de Hans Multscher. La figure originale fut déplacée vers l'intérieur en 1976 et orne la voûte du chœur.

Le portail nord-ouest date de 1356, il est ainsi le plus ancien de la cathédrale.

L'INTÉRIEUR DE LA CATHÉDRALE

La cathédrale comportait jadis plus de cinquante autels dont la majeure partie fut détruite lors du mouvement iconoclaste de la Réforme en 1531. Jusqu'à présent il n'a pas encore été possible d'en déterminer le

Sechs Chorfenster entgingen der Zerstörung des Zweiten Weltkrieges.

nombre exact. Entre cinquante et soixante exemplaires se trouvaient contre les piliers et les murs de l'édifice religieux. Environ la moitié d'entre eux étaient des dons privés des familles patriciennes de la ville d'Ulm.

La perte de nombreux vitraux de l'époque de l'édification, provoquée par des orages, des accidents ou un traitement inadapté est tout aussi cruelle. Entre 1878 et 1913, la cathédrale reçut 28 nouveaux vitrages teints dans le style de l'historicisme. Ils furent malheureusement détruits en 1944 lors d'un bombardement aérien. Ils furent remplacés dans l'après-guerre par de nouveaux vitrages dont le plus récent date de 2001.

Mittelschiffpfeiler mit der Statue des Philippus.

Contrairement aux autels et vitraux, les obits qui ornent la cathédrale ont résisté à toutes les épreuves sans pertes importantes. Leur nombre fut cependant sévèrement réduit au cours des années.

Des piliers massifs séparent la nef principale des nefs latérales. Comme la plupart des consoles de piliers, ils datent de l'époque des Parler. Les baldaquins et les ornements des figures ont par contre été réalisés beaucoup plus tard.

Les statues d'origine qui ornaient les piliers ont été détruites pendant le mouvement iconoclaste de 1531 et n'ont été remplacées qu'après la fin des travaux de la flèche ouest.

Le mur est de la nef centrale comporte la plus grande fresque moyenâgeuse au nord des Alpes. Elle s'étend sur une surface de 145 mètre carrés au-dessus de l'arc du chœur et redescend sur ses flancs latéraux jusqu'aux chapiteaux des piliers du chœur. Cette peinture géante qui représente le Jugement dernier et porte la date de 1471 est due au peintre d'Ulm Hans Schüchlin, le beau-père de Bartholomäus Zeitblom. Sur le côté gauche de l'arc de chœur se trouve le tabernacle richement ornementé, réalisé essentiellement entre 1467 et 1471. D'une hauteur de 26 mètres, il est le tabernacle le plus haut d'Allemagne.

La statue du Christ de douleur, une œuvre précoce de Hans Multscher est dressée sur un piédestal situé sur le côté sud de l'arc de chœur. Il se trouvait initialement sur le pilier central du portail ouest où il est aujourd'hui remplacé, à son ancienne place, par une copie disposée sous un baldaquin.

Au début du 16ème siècle, Burkhart Engelberg dota la nef sud, comme la nef nord, de nouvelles ogives. Sa marque de tâcheron et la date de 1507 gravés sur le mur est rappellent la fin de la construction de la voûte de la nef latérale sud.

Au-dessous et à gauche s'ouvre un haut portail aux riches ornements. Il mène à la chapelle Konrad Sam.

Sur le mur est de la nef latérale sud se dresse la niche de Karg de 3,60 mètres au carré. Cette oeuvre d'art est tellement endommagée que l'on ne reconnaît plus sa teneur. Elle a souffert des conséquences du mouvement iconoclaste de 1531. L'inscription sur son socle désigne le patricien d'Ulm Konrad Karg comme donateur et Hans Multscher comme créateur de cette niche terminée en 1433. Elle est avec certitude l'œuvre la plus ancienne qui puisse être attribuée à Multscher.

Sur le mur est saillant de la nef latérale nord, la marque de tâcheron de Burkhart Engelberg et la date 1502 indiquent la fin des travaux de construction de la nouvelle voûte. Ce n'est pas la seule indication de l'activité de cet architecte expérimenté. La couverture pratiquement complète d'une ancienne fresque murale est particulièrement remarquable. La voûte d'Engelberg traverse en son milieu un énorme aigle impérial, une fresque qui avait été peinte au milieu du 15ème siècle sur le crépi encore frais.

Des dimensions harmonieuses caractérisent le volume du chœur : Une hauteur de 27 mètres, une largeur de 15 mètres et une longueur de 29 mètres. Les parois nord et sud comportent, sur une longueur respective de 18 mètres les magnifiques stalles en bois de chêne sombre.

Les stalles imposantes de la cathédrale d'Ulm comptent parmi les œuvres exceptionnelles de l'art plastique souabe du 15ème siècle. Le point de départ, dans le temps et l'espace, est donné par le siège triple situé sous l'arc de chœur. Il fut le spécimen qui permit à Jörg Syrlin l'Ancien de prouver qu'il était en mesure, avec ses compagnons huchiers, de satisfaire les sévères exigences du Conseil d'Ulm dans le domaine artistique et artisanal.

Les stalles présentent une structure architectonique claire. Ses parties latérales d'une longueur de plus de 18 mètres accolées aux parois nord et sud du chœur disposent au total de 89 sièges en deux rangées disposées l'une dernière l'autre.

89 bustes sculptés individuellement, répartis sur les parcloses, les dais et les gables ornent les stalles qui comportent un côté hommes et un côté femmes. Des figures de l'Ancien Testament ornent les hauts dais ou dossiers. Les ogives des baldaquins portent des reliefs à mi-corps qui représentent des personnalités de la Nouvelle Alliance biblique, des apôtres, des saints et des martyrs. Les bustes des parcloses réalisés presque en grandeur nature en bois de chêne dur ajoutent leur accent particulier. Du côté sud, ce sont des sibylles qui y sont représentées alors que le côté nord présente des savants de l'antiquité. Six des neuf vitraux du chœur, dont la plupart ont plus de 15 mètres de hauteur, ont pu conserver leur ancien vitrage gothique d'une époque située entre 1390 et 1480.

Das Südostportal stammt von der alten Pfarrkirche »über Feld«.

DANK

An dieser Stelle möchten wir allen danken, die uns bei unserer Arbeit an diesem Buch behilflich waren.

Unser Dank geht vor allem an den Münsterbaumeister Michael Hilbert, der unser Projekt mit großem Engagement, zahlreichen Ideen, Ratschlägen und Hinweisen sowie fundiertem Fachwissen und Büchern aus dem Bestand des Münsterarchivs begleitete.

Als unschätzbare Hilfe erwiesen sich die Münsterpfarrerin Tabea Frey und der Münstermesner Gert Kappler, die uns zahlreiche Fragen beantworteten und uns Zugang zu allen Bereichen des Münsters verschafften.

Friedemann Johannes Wieland, erster Organist und Münsterkantor, gestattete freundlicherweise den Zutritt zur Orgel und zu Aufnahmen während des Schwörkonzerts.

Im Weiteren gilt unser Dank der Evangelischen Gesamtkirchengemeinde Ulm und dem Kirchenpfleger Klaus-Peter Baur für die Foto- und Publikationsgenehmigung.

Wir bedanken uns ferner bei allen Mitarbeitern und Mitarbeiterinnen der Münsterbauhütte, denen wir bei ihrer Arbeit über die Schulter schauen durften, sowie Folma Skerstins und Gertrud Röhrer vom Münsterbauamt, die zahlreiche Texte für uns kopierten und in Windeseile die Publikationsgenehmigung für historische Aufnahmen besorgten.

Ein weiterer Dank geht an den Oberbürgermeister Ivo Gönner und seine Mitarbeiter Claus Schmid, Frank Raddatz sowie Frau Schenk.

Großartige Unterstützung fanden wir auch beim Stadtarchiv Ulm, dessen Mitarbeiterinnen nicht zuletzt bei der Suche nach historischen Aufnahmen behilflich waren.

Ein großes Lob geht an die Ulmer Stadtbibliothek mit ihren großartigen Beständen und ihren freundlichen und hilfsbereiten Mitarbeiterinnen.

Besondere Erwähnung verdienen die zahlreichen ehrenamtlichen Mitarbeiter des Münsters.

Schlussendlich bedanken wir uns bei Martin Klaus und dem gesamten Team des Silberburg-Verlags für die wie stets angenehme Zusammenarbeit.

QUELLENVERZEICHNIS

Auf der linken Seite: Löwenartiger Wasserspeier am Westturm.

Baumhauer, Hermann: Das Ulmer Münster und seine Kunstwerke. Stuttgart und Aalen 1977.

Borst, Otto: Die Kirche als Zeigefinger. In: Schmitt, Elmar: Münsterbibliographie. Zweite, wesentlich erweiterte und überarbeitete Auflage. Weißenhorn 1990. S. 11–27.

Dieterich, Michael: Ausführliche Beschreibung des Münsters in Ulm. Ulm 1825.

Fabri, Felix: Tractatus de civitate Ulmensi. Traktat über die Stadt Ulm. Herausgegeben, übersetzt und kommentiert von Folker Reichert. Konstanz 2012.

Fink, Hubert: Restaurierung und Ausbau des Ulmer Münsters. In: Specker, Hans Eugen (Hrsg.): Ulm im 19. Jahrhundert. Aspekte aus dem Leben der Stadt. Zum 100. Jahrestag der Vollendung des Ulmer Münsters. Begleitband zur Ausstellung. Ulm 1990.

Frey, Tabea: Ulmer Münster. Chorfenster. Ulm o. J.

Frey, Tabea/Gohl, Gabriela: Zeitreise durch das Ulmer Münster. Ein Erlebnisbuch – nicht nur für Kinder. Ulm 2011.

Friederich, Karl: Das Ulmer Münster. Königstein/Taunus und Leipzig o. J.

Gnahm, Andreas: Giebel oder Traufe? Die Wiederaufbaukontroverse in Ulm nach dem Zweiten Weltkrieg. Ulm 2008.

Grill, Dr. Erich: Der Ulmer Bildschnitzer Jörg Syrlin d. Ä. und seine Schule. Straßburg 1910.

Hans Multscher, Bildhauer der Spätgotik in Ulm: Eine Ausstellung des Ulmer Museums und des Württembergischen Landesmuseums Stuttgart. Ulm 1997.

John, Erhard: Die Glasmalereien im Ulmer Münster. Herausgegeben von der evangelischen Gesamtkirchengemeinde Ulm. Ulm 2007.

Lang, Dr. Stefan: Die Patrizier der Reichsstadt Ulm. Stadtherren, Gutsbesitzer und Mäzene. Ulm 2011.

Lata, Sabine: Künstler im Mittelalter. Wie sie lebten, wie sie arbeiteten. Berlin 2009.

Lipp, Wolfgang: Das Marienportal des Ulmer Münsters. Ulm 1983.

Münsterbauverein Ulm e. V. (Hrsg.): Südlicher Chorturm am Ulmer Münster. Ulm o. J.

Pfleiderer, Rudolf: Münsterbuch. Das Ulmer Münster in Vergangenheit und Gegenwart. Ulm 1907.

Reinhard, Brigitte/Roth, Michael/Ulmer Museum (Hrsg.): Hans Multscher. Bildhauer der Spätgotik. Ulm 1997.

Reinhard, Brigitte/Roth, Michael/Ulmer Museum (Hrsg.): Michel Erhart und Jörg Syrlin d. Ä. Spätgotik in Ulm. Stuttgart 2002.

Schmidt, Franz X.: Marienbilder im Ulmer Münster. 2. Auflage Lindenberg 2000.

Schmitt, Elmar: Münsterbibliographie. Kommentiertes Gesamtverzeichnis aller Schriften über das Ulmer Münster. Zweite, wesentlich erweiterte und umgearbeitete Auflage. Weißenhorn 1990.

Schmitt, Elmar/Silberberger, Adolf: Das Ulmer Münster in Vergangenheit und Gegenwart. Weißenhorn 1989.

Schöllkopf, Wolfgang/Haas, Nadine: Das Ulmer Münster. Erbaut aus Stein und Licht. Ulm o. J.

Seifert, Hans: Das Chorgestühl im Ulmer Münster. Königstein/Taunus o. J.

Specker, Hans Eugen (Hrsg.): Ulm im 19. Jahrhundert. Aspekte aus dem Leben der Stadt. Zum 100. Jahrestag der Vollendung des Ulmer Münsters. Begleitband zur Ausstellung. Ulm 1990.

Specker, Hans Eugen/Weig, Gebhard (Hrsg.): Die Einführung der Reformation in Ulm. Geschichte eines Bürgerentscheids. Ulm 1981.

Specker, Hans Eugen/Wortmann, Reinhard (Hrsg.): 600 Jahre Ulmer Münster. Festschrift. 2. Auflage Ulm 1984.

Treu, Erwin/Ulmer Museum (Hrsg.): Steingewordene Träume. Vollendung gotischer Kirchtürme im 19. Jahrhundert. Ulm 1990.

Tüchle, Hermann: Die Münsteraltäre des Spätmittelalters. Stifter, Heilige, Patrone und Kapläne. In: Specker, Hans Eugen/Wortmann, Reinhard (Hrsg.): 600 Jahre Ulmer Münster. Festschrift. 2. Auflage Ulm 1984.

Ulm im Zweiten Weltkrieg. Amt für Statistik. Ulm 1952.

Urbach, Dorothee Ulrike: Weltgericht und städtische Selbstdarstellung. Das Wandgemälde am Triumphbogen des Ulmer Münsters. Inaugural-Dissertation zur Erlangung der Doktorwürde. Universität Freiburg. Philosophische Fakultät I. Kunstgeschichtliches Institut. Freiburg 2002.

Wiegandt, Herbert: Ulm. Geschichte einer Stadt. Weißenhorn 1977.

Wortmann, Reinhard: Das Ulmer Münster. Stuttgart 1972.

Weitere Bücher von Nikola und Katharina Hild

In Ihrer Buchhandlung

Himmlische Schätze

Kirchen, Klöster und Kapellen in Oberschwaben

Dieses Buch nimmt den Leser mit auf eine Entdeckungsreise zu den schönsten und bedeutendsten Kirchen, Klöstern und Kapellen der oberschwäbischen Landschaft – von A wie Altshausen mit seiner Schlosskirche Sankt Michael bis Z wie Zisterzienserkloster Salem. Die sehenswerten sakralen Bauschätze Oberschwabens werden dabei nicht nur in ihren kunsthistorischen Zusammenhang gestellt, sondern auch durch ihre spannende und facettenreiche Geschichte hautnah erlebbar gemacht. Die zahlreichen brillanten Fotografien bieten einen wunderbaren Vorgeschmack auf eine Kulturreise zu oberschwäbischen Gotteshäusern.

184 Seiten, 158 Farbfotos, fester Einband.
ISBN 978-3-8425-1302-0

Bebenhausen

Kloster und Schloss

Bebenhausen im Naturpark Schönbuch kann auf eine über 800-jährige Geschichte zurückblicken. 1183 gegründet, beherbergte das Kloster zunächst Angehörige des Prämonstratenser-Ordens, später Zisterziensermönche. Nach der Reformation wurde die Anlage evangelische Klosterschule, Anfang des 19. Jahrhunderts wurde königliches Jagdschloss. Von 1947 bis 1952 fungierte die Anlage gar als Sitz des Landtags von Württemberg-Hohenzollern.
Ein umfassendes und reich illustriertes Porträt des berühmten Klosters und Schlosses Bebenhausen im Schönbuch. Eine Kurzfassung der Texte ist in englischer und französischer Sprache abgedruckt.

128 Seiten, 130 meist farbige Abbildungen, fester Einband.
ISBN 978-3-87407-716-3

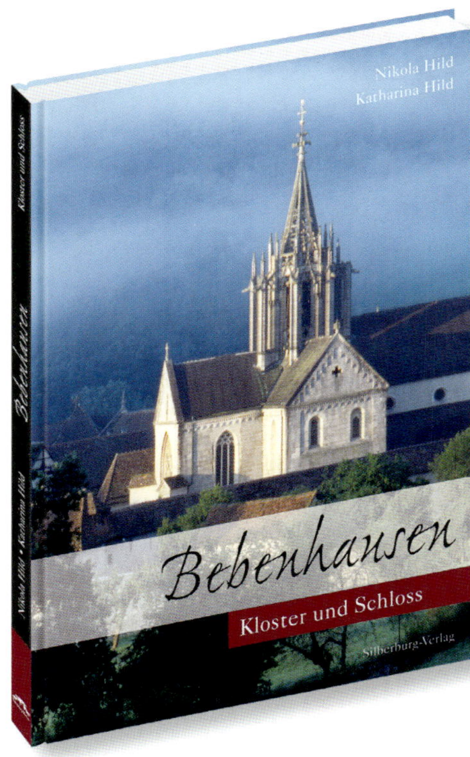

Silberburg-Verlag
www.silberburg.de

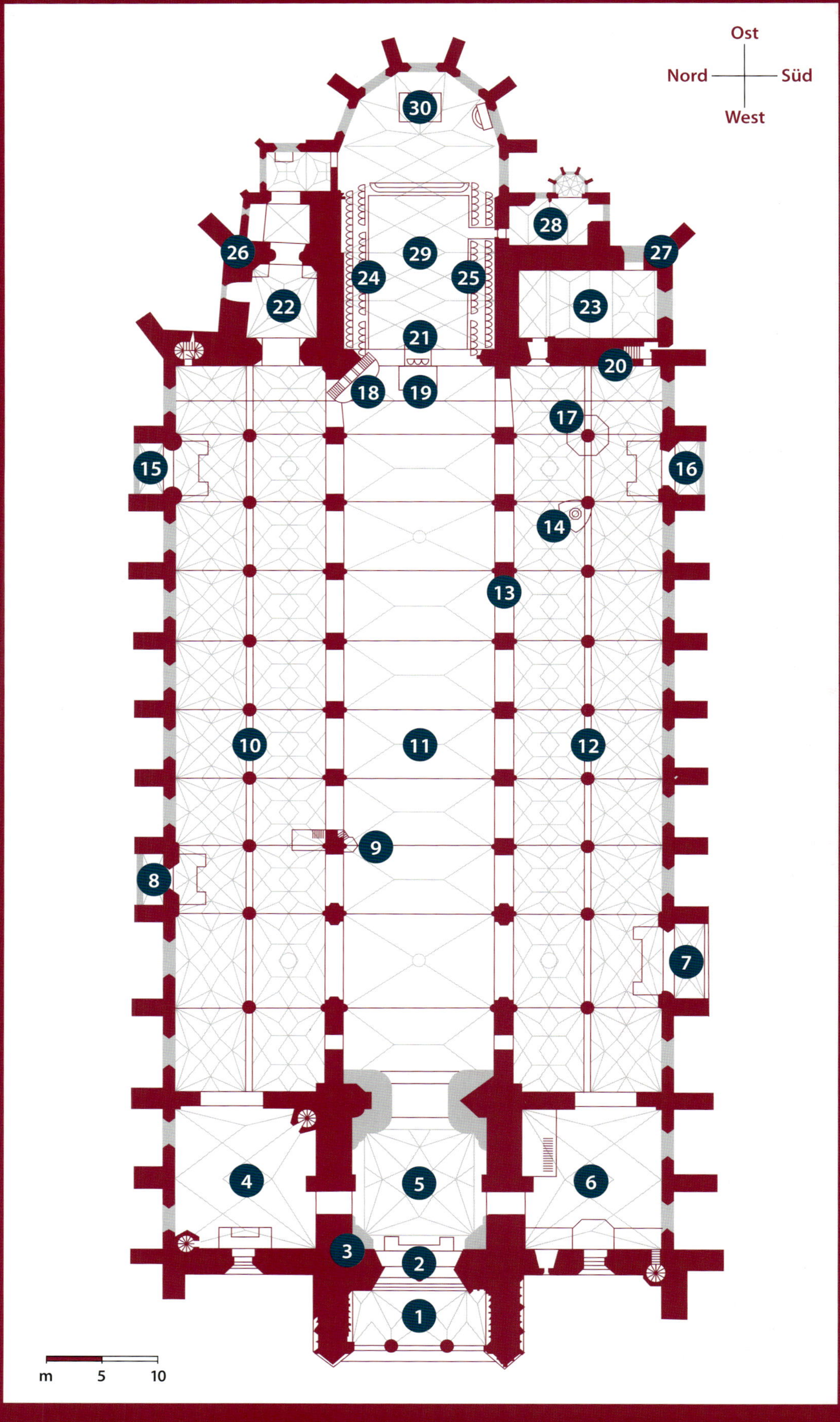
Ost
Nord
Süd
West
30
29
28
27
26
25
24
23
22
21
20
19
18
17
16
15
14
13
12
11
10
9
8
7
6
5
4
3
2
1
m
5
10